LETTRES

DE

LOUISE DE COLLIGNY

PARIS. — TYPOGRAPHIE DE CH. MEYRUEIS

13, RUE CUJAS. — 1872.

LETTRES

DE

LOUISE DE COLLIGNY

PRINCESSE D'ORANGE

A SA BELLE-FILLE

CHARLOTTE-BRABANTINE DE NASSAU

DUCHESSE DE LA TRÉMOILLE

PUBLIÉES D'APRÈS LES ORIGINAUX

PAR

Paul MARCHEGAY

ARCHIVISTE HONORAIRE DU DÉPARTEMENT DE MAINE-ET-LOIRE
MEMBRE NON RÉSIDANT DU COMITÉ HISTORIQUE

LES ROCHES-BARITAUD

(VENDÉE)

—

MDCCCLXXII

HOMMAGE

A

MONSIEUR LE DUC DE LA TRÉMOILLE

LOUISE DE COLLIGNY

1555-1598

Modique débris d'une correspondance intime, entretenue pendant vingt-trois ans (1598-1620), les soixante-huit lettres qui suivent n'en sont pas moins un des plus beaux fleurons du chartrier de M. le duc de la Trémoille. Leur découverte est récente, et trois seulement ont été imprimées. Elles doivent attirer l'attention sur leur auteur, aussi recommandable par l'esprit et le caractère que par la naissance et le rang, sa vie n'ayant été, d'ailleurs, « qu'un tissu d'afflictions continuelles, capables de faire succomber toute autre âme moins résignée aux volontés du ciel que la sienne (1). »

En attendant que la fille de l'amiral de Colligny (2), la veuve de Téligny et de Guillaume le Taciturne, soit l'objet d'une notice et d'une étude spéciales, comme l'ont été plusieurs grandes dames protestantes des seizième et dix-septième siècles (3), nous allons rappeler, d'après divers auteurs et documents contemporains, les principaux faits relatifs aux quarante-trois premières années de son existence, c'est-à-dire jusqu'au moment où elle se dépeint elle-même dans ses lettres à la plus chérie de ses belles-filles.

La princesse d'Orange, née le 28 septembre 1555, était le quatrième des huit enfants du grand-amiral de France, Gaspard comte de Colligny, seigneur de Châtillon-sur-Loing, et de sa première femme, Charlotte de Laval. Quand celle-ci mourut, Louise venait

---

(1) Aubéry du Maurier, *Mémoires pour servir à l'histoire de Hollande*, page 182.

(2) Je rétablis l'orthographe de ce nom d'après la signature de l'amiral et de sa fille.

(3) Notamment Charlotte de Bourbon-Montpensier, par M. Jules Bonnet, dont on attend Renée de France; Jaqueline d'Entremonts et Eléonore de Roye, par M. le comte de Laborde; Madame de Mornay, par M. Guizot; la comtesse de Derby, par M. Gustave Masson, etc., etc.

d'atteindre sa treizième année. Les leçons et les exemples du foyer domestique avaient néanmoins répondu si complétement aux vœux de l'amiral que, dans son testament olographe (5 juin 1569), il lui parlait en ces termes : « Suivant les propos que j'ai tenus à ma fille aînée, je lui conseille, pour les raisons que je lui ai dites à elle-même, d'épouser M. de Téligny, pour les bonnes conditions et autres bonnes parties et rares que j'ai trouvées en lui. Et si elle le fait, je l'estimerai bien heureuse; mais en ce fait, je ne veux user ni d'autorité, ni de commandement de père : seulement je l'avertis que, l'aimant comme elle a bien pu connoître que je l'aime, je lui donne ce conseil pour ce que je pense que ce sera son bien et contentement, ce que l'on doit plutôt chercher en telles choses que les grands biens et richesses (1). »

Beauté, courage, esprit, famille, tout recommandait, du reste, à la jolie Louise un choix loué sans réserve, à la cour comme dans tout le parti protestant. A La Rochelle, le 26 mai 1571, et sous les yeux de l'amiral, qui venait lui-même de s'y remarier avec la veuve du comte du Bouchage (Jacqueline de Montbel, comtesse d'Entremonts), les deux jeunes gens furent unis en présence de Jeanne d'Albret, de son fils, depuis Henri IV, des princes de Condé et de Marsillac, de la Noue Bras de Fer et de Louis de Nassau. L'année suivante, au mois d'août, le peu de distance qu'il y avait de Châtillon-sur-Loing à Paris, et le désir d'assister aux fêtes annoncées pour le mariage du jeune roi de Navarre avec Marguerite de Valois, sœur de Charles IX, amenèrent Louise de Colligny à la cour, avec son mari et son père.

Encore sous le charme des danses, festins et tournois auxquels son âge la conviait, elle fut témoin, le vendredi 22, de l'attentat commis sur l'amiral. Dans la nuit du 24, elle vit (2) périr le héros du protestantisme et Téligny, son digne gendre, sous les premiers coups des assassins de la Saint-Barthélemy. Arrachée au massacre par des amis dévoués, elle put rejoindre à Châtillon sa

(1) *Bulletin de la Société de l'Histoire du Protestantisme*, vol. I, page 266.
(2) Aubéry du Maurier (page 179) dit que Madame de Téligny *apprit ce désastre en Bourgogne*, confondant Châtillon-sur-Seine avec Châtillon-sur-Loing, qui faisait partie de l'ancien Gâtinais. — M. Jules Bonnet (*Bulletin de la Société de l'Histoire du Protestantisme*, vol. I, page 368) a corrigé cette erreur géographique; mais pour ce qui concerne le lieu où se trouvait alors Louise de Coligny, nous ne croyons pas que le témoignage de Du Maurier, imprimant, un siècle et demi plus tard, un résumé du manuscrit de son père, puisse l'emporter sur celui du très-exact et très-minutieux historien des princes d'Orange. Il résulte évidemment du passage de Joseph de la Pise, cité plus loin, page VIII, que la princesse sa contemporaine, qu'il avait connue et dont il parle longuement, était à Paris lors du massacre de son premier mari et de son père.

belle-mère, qu'y avait retenu une grossesse avancée. Quelques jours après, les malheureuses femmes et deux fils de l'amiral partaient pour chercher un refuge en Suisse. Ils n'échappèrent pas sans de grandes difficultés aux périls de ce long et triste voyage.

Tandis que sa belle-mère cédait au funeste désir de rentrer en Savoie, son pays natal, Madame de Téligny et MM. de Châtillon et d'Andelot étaient accueillis à Berne avec le plus touchant intérêt. Neuf ou dix mois plus tard, elle alla les rejoindre à Bâle, où les avait attirés la présence du jeune comte de Laval, leur cousin, et de sa famille. La première lettre connue de Louise de Colligny est datée de cette ville, le 10 juin 1573. La jeune veuve, qui n'avait pas encore dix-huit ans, y remercie les magnifiques seigneurs avoyer et conseil de Berne de leurs bienfaits et du soin qu'ils ont pris de la faire accompagner par un des leurs à sa nouvelle résidence. Elle leur écrivit encore le 25 août suivant, afin de demander la continuation de leur amitié en faveur de ceux qui ont appartenu à l'amiral, et surtout pour les prier de solliciter la délivrance de sa belle-mère, dont la prison ne finit qu'à sa mort.

Combien de temps Madame de Téligny et ses frères séjournèrent-ils à Bâle, dont les habitants leur témoignaient autant de bonté que de courtoisie? On ne l'apprendra qu'en recourant aux archives de la ville hospitalière où florissait alors la plus docte et noble colonie du protestantisme français. Le genre de vie et les préoccupations de Louise de Colligny sont du reste très-positivement indiqués par le passage suivant de Brantôme, écrit une vingtaine d'années plus tard : « Cas étrange, en ce pays barbare et rude, [la princesse d'Orange] prit telle grâce et telle habitude si vertueuse, qu'étant en France de retour, elle se rendit admirable par ses vertus et bonnes grâces, et donna au monde occasion de s'ébahir et de dire, pour l'amour d'elle, que les pays durs, agrestes et barbares rendent quelquefois les dames aussi accomplies et gentilles que les autres pays doux, courtois et bons. Non que je veuille dire que le pays de Bâle soit tel, car il produit force personnes et choses bonnes, mais non pas les femmes si avenantes, cointes et agréables comme les autres pays. Mais on dira bien aussi que ladite princesse avoit pris habitude en France, et coutumièrement retient-on mieux les premières et plus jeunes impressions. »

Lors de son mariage, Louise de Colligny reçut en dot 3,000 livres de rente dont le capital, 50,000 livres, fut en partie acquitté par l'attribution du domaine de la Mothe de Château-Renard, en Gâtinais. Pareil douaire lui avait été donné par Téligny, et assigné partiellement sur sa terre de Lierville, en Beauce. La mort de son mari, sans qu'ils eussent eu d'enfant, l'en rendit propriétaire. Quand après un nouveau séjour à Berne, et probablement en passant par Genève, elle rentra en France, vers la promulgation de l'édit accordé par Henri III aux réformés (à Poitiers, en 1577), elle se retira sans doute dans l'une de ses deux seigneuries. La première était voisine de Châtillon-sur-Loing, apanage de son frère aîné, dont elle signa le contrat de mariage le 21 mai 1581. De la seconde, elle n'avait qu'une courte distance à franchir pour gagner les châteaux des bords de la Loire, séjour ordinaire du roi. Dans un moment où les idées de tolérance paraissaient devoir l'emporter, la présence de Louise de Colligny à la cour était justifiée par les démarches que ses frères et elle avaient commencées, dès le 11 avril 1575, afin d'obtenir la cassation de l'épouvantable arrêt rendu par le Parlement de Paris, le 27 septembre 1572, contre la mémoire de l'amiral, leur père. Elle trouvait d'ailleurs réunis autour de Henri III la plupart de ses amies d'enfance et beaucoup de parents très-proches, entre autres les nombreux fils et filles, gendres, brus et petits-enfants de son grand-oncle le connétable Anne de Montmorency.

« Madame de Téligny ayant, dit Du Maurier, vécu en son veuvage avec une conduite admirée de tout le monde, » venait d'atteindre sa vingt-huitième année, lorsqu'elle fut recherchée par un prince pour lequel sa dot la plus précieuse était la connaissance de ses vertus, et le nom célèbre de l'amiral.

On sait que Guillaume de Nassau, surnommé le Taciturne, fut frappé à la tête, le 8 mars 1582, par la balle de l'assassin Jaureguy. Au moment où des soins aussi dévoués qu'habiles étaient parvenus à sauver les jours du libérateur des Provinces-Unies, la douce et pieuse Charlotte de Bourbon-Montpensier, sa troisième femme (1), succombait aux angoisses et aux fatigues causées par cette catastrophe. Elle ne lui avait donné que des filles, au nombre de six. Des deux précédents mariages étaient nés trois filles et seulement deux fils. L'aîné, Philippe-Guillaume, enlevé par le duc d'Albe de l'université de Louvain, le 13 février 1568, restait toujours prisonnier du roi qui avait fait assassiner son père. Maurice de Nassau était donc pour l'assister, ou plutôt lui succéder dans son œuvre glorieuse, le seul espoir des Provinces-Unies. Le prince d'Orange

(1) Voyez *Nouveaux Récits du XVIe siècle*, par M. Jules Bonnet, page 258, et J.-L. Motley, *Révolution des Pays-Bas*, vol. IV, page 362.

était à peine âgé de cinquante ans. Sa force, sa belle mine n'avaient pas été sensiblement altérées par les fatigues du camp et du cabinet. En le sollicitant de prendre une nouvelle compagne des rudes et cruelles épreuves auxquelles sa vie était vouée, ses concitoyens espéraient surtout voir naître un autre fils à leur libérateur, et d'une mère allemande. Cependant Guillaume, détourné par le souvenir d'Anne de Saxe, sa seconde femme, de se remarier dans ce pays, choisit encore une Française, malgré les injustes soupçons de ses concitoyens, — augmentés par la funeste et perfide surprise d'Anvers (17 janvier 1583), — qu'il voulait livrer les Pays-Bas à la France.

Ses démarches auprès de Madame de Téligny, appuyées par Henri III, par la maison de Bourbon et par les principaux seigneurs protestants, sont agréées. Conduite par mer en Zélande, Louise de Colligny débarque le 8 avril 1583 à Flessingue, d'où elle remonte l'Escaut jusqu'à Anvers, accompagnée d'un grand nombre de ses compatriotes qui s'étaient portés à sa rencontre. Le contrat de mariage, signé le 12 au palais du prince d'Orange, eut pour témoins le bourgmestre, un échevin et le greffier de la ville, M. de Waufin, gentilhomme des Pays-Bas, la comtesse de Schwartzbourg, sœur du prince, Guy-Paul de Colligny, comte de Laval, Antoine de Cormont, gentilhomme champenois, et Marie de Juré, seconde femme de l'illustre la Noue Bras de Fer, alors prisonnier des Espagnols au château de Limbourg. Louise de Colligny y fit porter que son avoir, tant en deniers que vaisselle d'argent, se montait à 60,700 livres. Pour douaire, Guillaume·lui assigna une rente de 8,000 livres, la jouissance des châteaux de Berg-op-Zoom et de Grave, plus une maison dont la situation n'est pas précisée. Le mariage fut célébré le même jour, dans la chapelle du château.

L'aimable physionomie, la bienveillance et la piété de la nouvelle princesse ne pouvaient manquer d'être appréciées au milieu d'une population où ces qualités faisaient chérir Guillaume, auquel le surnom de Taciturne n'avait pas été donné à cause d'un caractère soucieux et d'un visage morose, mais par suite de son habileté à se tenir en garde contre ceux qu'il savait ses ennemis, à leur cacher ses desseins et à pénétrer les leurs. Attirée vers Louise de Colligny par l'aspect du bonheur qu'elle ramenait dans la maison de son mari, l'affection générale ne put toutefois l'emporter sur le préjugé existant à Anvers contre son origine. Ces témoignages de défiance contribuèrent à éloigner Guillaume de la Flandre. Le 22 juillet 1583, il partit pour la Hollande et vint se fixer à Delft. La princesse y fut d'autant mieux accueillie qu'elle arriva enceinte; et le 28 février suivant, mit au monde un beau fils auquel Frédéric, roi de Danemark, et Henri, roi de Navarre (1), donnèrent leurs noms.

Cependant la joie causée par cette naissance fut de courte durée. Dès le 10 juillet 1584, le pistolet d'un nouveau meurtrier (Balthazar Gérard) envoyé par Philippe II, frappe le prince d'Orange et le renverse expirant dans les bras de sa malheureuse femme, qui semble destinée à voir périr de mort violente ceux qui lui sont les plus chers. « Quasi mourante en l'excès de sa douleur, dit Joseph de la Pise (2), elle invoque Dieu qui la fortifie, adresse sa prière au Tout-Puissant, et à voix gémissante, à cœur ardent, les yeux et les mains élevés au ciel : « *Mon Dieu, dit-elle, donne-moi le don de la* « *patience, et de souffrir selon ta volonté la mort de mon père et de* « *mes deux maris, tous trois assassinés devant mes yeux!* »

A cette nouvelle, un immense deuil se répand dans les Provinces-Unies, ainsi que chez leurs alliés catholiques et protestants. Les cours d'Espagne et de Rome déploient seules la cruelle joie qu'elles avaient déjà éprouvée en apprenant la Saint-Barthélemy et le meurtre de l'amiral. Des mesures prudentes et énergiques sont immédiatement prises par les Etats généraux pour que les résultats obtenus par le prince d'Orange ne soient pas détruits. Excepté à l'égard de Maurice de Nassau, aujourd'hui leur unique espoir, et qui commence déjà à marcher sur les traces de son père, ils montrent une apathie et une avarice aggravées par l'absence de la personne naturellement appelée à protéger la veuve et les jeunes orphelins.

Jean de Nassau, puîné et aujourd'hui le seul existant des frères de Guillaume le Taciturne, avait eu en partage les biens de sa famille situés en Allemagne. Après avoir bravement secondé le prince d'Orange, et contribué à la réunion du pays d'Utrecht aux Provinces-Unies, il abandonna, en 1580, leur service et même leur séjour, ne pouvant plus surmonter les misères et les dégoûts qu'on lui faisait éprouver comme stathouder de Gueldre. Par les extraits suivants des lettres que Louise de Colligny lui adressa à Dillembourg (3), on verra quelles furent les conséquences de cet éloignement, pour sa belle-sœur et ses plus jeunes neveu et nièces.

(1) Il avait écrit au prince d'Orange, le 29 juillet 1583 : « Mon cousin, j'ai été bien aise d'avoir entendu de vos nouvelles par le Sr de Vaufflin, nommément du bon accomplissement de votre mariage. Je prie Dieu qu'il le comble de l'heur et prospérité que pouvez désirer, comme par sa grâce il lui a plu, de si loin, rassembler vos vertus ensemble... Je m'assure aussi qu'il en tirera du fruit pour ses églises... »

(2) *Histoire d'Orange*, page 546.

(3) Après son mariage, elle lui avait écrit : « Me sentant tant honorée de Dieu

« *De Delft*, 26 *juillet* 1584. — Monsr mon frère (1), j'ai senti si
avant et sens encore l'affliction qu'il a plu à Dieu m'envoyer, que
j'ai oublié tout devoir vers mes parents et bons amis, ne me don-
nant la tristesse aucune relâche ni loisir de penser à autre chose
quelconque. Je vous prie donc... de m'excuser si, jusques à présent,
je ne vous ai écrit aucunes lettres...; et vous supplie de rechef que
ce mien défaut n'empêche la continuation de la bonne amitié que
je sais qu'il vous a plu de me porter, pour l'amour de feu Monseigneur. Et comme maintenant cette pauvre famille, tant moi que
tous les enfants, n'avons en ce monde autre père que vous, aussi
je vous prie bien humblement de nous vouloir, en nos affaires,
montrer votre affection paternelle... »

« *De Delft*, 28 *octobre* 1584. — Monsr mon frère, j'ai eu grande
occasion de vous remercier... de ce qu'il vous plut donner charge
dernièrement à vos conseillers, venant par deçà, d'avertir les conseillers de feu Monseigneur que votre avis étoit que l'on me fît jouir
de mes conventions matrimoniales, et principalement de mon
douaire. Mais combien que j'aie sollicité de tout mon pouvoir ceux
qui ont été ordonnés pour la conduite des affaires de la maison, si
est-ce que jusques à présent je n'en ai pu obtenir aucune réponse.
Je fais ce que je puis pour me maintenir avec la dignité de la
maison en laquelle j'ai eu cet honneur d'être alliée, et le ferai encore
tant qu'il sera en ma puissance, tant pour mon regard que [celui]
des petits enfants que j'ai retirés près de moi. Suivant quoi, combien que c'est avec grands frais, même pour la longueur du chemin,
j'ai retiré de France quelques moyens, sans lesquels il m'eût été du
tout impossible de soutenir une telle dépense que celle qu'il me
faut faire; mais iceux moyens venant à me faillir, si je ne puis
avoir autre provision de deçà, je vous supplie bien humblement,
Monsr mon frère, de m'excuser si je suis contrainte d'obéir à la
nécessité, qui sera plus forte que ma volonté, qui a été et est encore
de demeurer en ces pays, si Dieu m'en fait la grâce, et d'y élever
mon fils... Si votre commodité ne permet de vous trouver par deçà,

que d'avoir mis au cœur de Monseigneur le prince de me prendre pour sa compagne, j'ai reconnu n'être des moindres faveurs qu'il lui a plu de me faire de
m'avoir alliée à tant de seigneurs de grande qualité, et principalement qui ont
la crainte de Dieu, entre lesquels, Monsieur, comme vous tenez le premier rang,
aussi je me tiens la première en volonté de vous faire bien humble service. »
(1) Ces lettres de la princesse d'Orange au comte Jean de Nassau ont été publiées par M. Groën Van Prinsterer, dans les *Archives et Correspondance de la
maison d'Orange-Nassau*.

où néanmoins sans votre présence je ne prévois que confusion générale, au moins qu'il vous plaise écrire auxdits commissaires l'ordre que vous entendez qui soit suivi pour ce regard, et leur ordonner, s'il vous plaît, bien expressément de le faire, d'autant que leur principale réponse est qu'ils n'ont pas puissance de ce faire. »

« *De Leyde,* 19 *décembre* 1584. — Nous sommes extrêmement en peine pour n'avoir rien entendu de votre part, depuis qu'il vous plut envoyer de deçà deux de vos conseillers. Cependant, Monsr mon frère, les affaires de cette désolée maison sont en si piteux état que si, par votre prudence et bon conseil, il n'y est bientôt pourvu, j'y prévois une bien grande confusion...

« Je suis tenue et obligée de désirer voir qu'il y soit mis un bon ordre, pour le général de la maison; mais pour mon particulier, la nécessité me presse de telle façon que, comme je vous ai mandé, Monsr mon frère, par une autre de mes lettres, la nécessité, à la longue, forceroit ma volonté pour me retirer en lieu où j'aurois plus de commodité que je n'ai ici : car il y a un mois que je suis avec quatre de mes belles-filles, mon fils et moi, avec un grand train, sans que les enfans ni moi ayons reçu un seul denier de la maison, et sommes tous remis à quand il vous aura plu mettre ordre aux affaires de la maison.

« Nous sommes venues, vos dites nièces, votre petit neveu et moi, en cette ville de Leyde, où j'ai désiré de venir pour m'ôter du lieu où j'ai reçu ma perte, bien qu'en tous lieux je porte mon affliction et la porterai toute ma vie, le changement de demeure ne pouvant y apporter de diminution. »

« *De Middelbourg,* 28 *avril* 1589. — Vos petites nièces et mon fils, votre petit-neveu, se portent bien... J'espère que Dieu me conservera ce gage, que j'ai si cher, de Monseigneur son père : c'est toute ma consolation et mon unique plaisir... Cette maison... est réduite maintenant à tel point que je ne sais plus comment les enfants et moi avons moyen de nous entretenir selon l'honneur de la maison. »

Nous ignorons à quelle date cessa la misérable condition si franchement exposée par les lettres de la princesse d'Orange. Toujours est-il que, pendant cinq années au moins, à défaut du payement de son douaire et des pensions allouées par les Etats de plusieurs provinces aux dernières filles de Guillaume, ce fut sur les modiques revenus et capitaux formant sa fortune personnelle, que vécut Louise de Colligny, et qu'elle fit vivre son fils et quatre de ses belles filles. Ces dernières, issues du mariage du prince d'Orange avec Charlotte de Bourbon-Montpensier, étaient : Louise-Julienne, née le 31 mars 1576 ; Elisabeth, née le 26 mars de l'année suivante ; Charlotte-Brabantine, née le 27 septembre 1580, et Amélie, née le 9 décembre 1581.

Quoique Louise de Colligny n'y soit pas nommée et que les prescriptions n'en aient été suivies, avec raison il nous semble, que pour Catherine et Flandrine de Nassau, il n'est pas hors de propos de citer ici un fragment de la belle lettre (1) écrite par Elisabeth, reine d'Angleterre, le 17 octobre 1584, au duc de Montpensier, en faveur de six orphelines dont il était le grand-père.

« Monsieur mon cousin, comme le feu prince d'Orange, prévoyant le danger imminent auquel il étoit toujours sujet, par les secrètes menées et embûches que lui tendoient ses ennemis, nous eut, de son vivant, bien instamment prié d'avoir ses filles pour recommandées et de les prendre en notre protection, s'il lui advenoit de les laisser sans père, se reposant, comme à bon droit il pouvoit faire, sur la faveur et affection que lui avons de tout temps portée, nous avons avisé, après cet infortuné accident de la mort dudit prince, de faire bailler l'aînée [Louise-Julienne], à Madame la princesse de Navarre Bierne (2), sa parente comme savez, où elle ne peut faillir d'être bien et vertueusement nourrie, et de mander querir la seconde [Elisabeth], qui est notre filleule, pour la tenir ici près de nous ; ayant ci-devant recommandé celle d'après, qui se nomme Brabantine, à madame la duchesse de Bouillon, votre sœur, pour être nourrie près de mademoiselle de Bouillon, sa fille (3), les deux autres étant déjà accordées, l'une nommée Amelyne, à l'Electrice-Palatine, et l'autre nommée Katerine, à la comtesse de Schwartzbourg, leurs marraines. Et quant à l'autre, Flandrine, que la dame du Paraclet (4) avoit déjà auprès de soi du vivant du père, nous la lui avons de longtemps bien expressément recommandée... »

(1) Imprimée par Groën Van Prinsterer.
(2) Ou Béarnaise, surnom de Catherine de Bourbon, fille de Jeanne d'Albret.
(3) Qui fut la première femme du vicomte de Turenne, et lui transmit le duché de Bouillon.
(4) Jeanne de Bourbon-Montpensier, sœur de Charlotte, qui passa de l'abbaye du Paraclet à celle de Jouarre.

En restant réunies comme elles l'avaient été du vivant de leur père, sous la direction affectueuse et dévouée de l'une des femmes les plus accomplies de son siècle, les quatre premières sœurs, moins par l'habitude que par l'éducation, contractèrent une intimité qui dura toute leur vie et est encore attestée par un grand nombre de leurs lettres. L'aînée, Louise-Julienne, dix-huit ans après l'anniversaire du mariage de sa mère, épousa, le 14 juin 1593, son parent Frédéric de Bavière, électeur-palatin ; et afin de diminuer les charges de la princesse d'Orange, elle emmena sa plus jeune sœur à Heidelberg, l'y gardant jusqu'à son mariage avec le duc de Landsberg. Dorénavant, les soins maternels de la princesse d'Orange ne sont plus partagés qu'entre Elisabeth et Charlotte, outre son fils « qui venoit d'échapper à la main meurtrière d'un prêtre renié » (1).

Tandis que Henri de Nassau commençait ses études à Leyde, sous la direction du célèbre Scaliger et d'après le plan dressé par Du Plessis-Mornay, pour l'instruction de son fils unique, Louise de Colligny put enfin réaliser le projet de revoir, après plus de dix ans, sa France chérie. Elle était encore à Middelbourg le 8 juin 1594, date d'une lettre qu'elle écrivit aux Etats de Bretagne, mais ne tarda guère à s'embarquer. Madame de Rohan (Catherine de Parthenay), écrivait en effet à Madame de Mornay, de Paris, le 30 juillet suivant : « Mme la princesse d'Orange est en cette ville. On se persuade qu'elle et moi désobéissons aux édits, encore que nous n'y pensions pas, et parle-t-on de nous assommer. » A tous les siècles de notre histoire, le peuple de Paris s'est montré le docile et sauvage instrument des meneurs les plus fanatiques et les plus cruels, soit en religion, soit en politique. Le fait suivant, rapporté par le Journal de l'Estoile, se passa au Louvre, le 18 septembre de la même année : « Madame la princesse d'Orange ayant trouvé dans la chambre de Madame, sœur du Roi, la duchesse de Montpensier, en sortit aussitôt, disant tout haut qu'il ne lui étoit pas possible de voir de bon œil pas un de ceux ou de celles qui avoient été cause de la mort du feu roi (Henri III), parce qu'elle étoit Françoise et aimoit les François. »

Ces actes de zélée huguenote ne nuisirent en rien à l'accueil que Louise de Colligny reçut de Henri IV, nouveau converti, et de la plupart des familles chez lesquelles, à défaut de cour, le grand monde se réunissait. Elle était heureuse d'y produire les deux jeunes princesses dont le maintien et l'esprit prouvaient la bonté des enseignements qu'elles avaient reçus et le fruit qu'elles en avaient

(1) Joseph de la Pise, *Histoire d'Orange*, page 813.

tiré. Charlotte, encore petite et grêle, ne paraissait pas avoir ses quatorze ans; mais Elisabeth, la filleule de la reine d'Angleterre, se voyait déjà l'objet d'hommages dûs à sa gentillesse non moins qu'au renom de son père et à la parenté de la maison royale. Elle fut surtout remarquée par un des seigneurs les plus influents et les plus riches, Henri de la Tour, duc de Bouillon, veuf depuis quatre ou cinq mois d'une cousine germaine de mesdemoiselles de Nassau.

A peine la princesse d'Orange et ses filles étaient-elles de retour en Hollande, qu'elles virent arriver l'ambassade chargée, avec la recommandation de Henri IV, de demander la main d'Elisabeth. Le mariage eut lieu à La Haye, le 15 avril 1595, avec autant de pompe que de joie de la part de la population; et environ un mois après, la jeune duchesse passa encore la mer, conduite en son ménage par la princesse d'Orange et par sa chère Brabantine.

Les charmantes lettres qu'elle adressa à celle-ci, après leur séparation (1), donnent des détails sur ce second voyage, duquel Charlotte et sa belle-mère étaient revenues en Hollande au commencement d'août 1596, et sur les amitiés des deux sœurs à la cour, ainsi que sur leur éducation, leur instruction et leur caractère. Dans celle du 7 juillet, la jeune femme adresse à sa cadette maintes questions sur les amoureux qui s'empressaient autour d'elle. Une croissance et un développement inespérés lui ont alors valu, de la part de son frère aîné, Maurice de Nassau, le surnom de la *Belle Brabant*. Déjà plusieurs princes d'Allemagne se sont présentés; mais le désir de se rapprocher de l'Electrice-Palatine n'a pu l'emporter sur les conseils de la princesse d'Orange et de la duchesse de Bouillon. Elle peut d'ailleurs choisir entre les chefs de deux maisons illustres et puissantes. A Henri, vicomte de Rohan, qui avait à peine une année de plus qu'elle, Charlotte-Brabantine préféra Claude de la Trémoille, duc de Thouars, âgé de trente-deux ans, et cousin germain de son beau-frère le duc de Bouillon. Aussi spirituel que brave et zélé protestant, il était d'ailleurs, par ses grands biens et comme oncle du prince de Condé (héritier présomptif de la couronne), le plus brillant parti de toute la France.

Dans la marche suivie pour obtenir la main de la plus grande et la plus jolie des filles de Nassau, on ne tarda guère à reconnaître que M. de la Trémoille ne jouissait pas, auprès du roi, de la faveur due à son rang et à ses services. Après avoir contribué au triomphe

(1) Voir *Bulletin de la Société de l'Histoire du Protestantisme*, vol. XV, p. 37 et suiv.

du Béarnais, en combattant à ses côtés sur presque tous les champs de bataille, à la tête des régiments levés et entretenus à ses frais, il était un des seigneurs à l'égard desquels la conduite de Henri IV lui avait mérité, de la part des mécontents, le surnom de *Ladre Vert*. Prodigue d'or et de pensions à l'égard des anciens ligueurs qui se rapprochaient de lui, le monarque était parcimonieux, avare même, envers ceux qui venaient de verser leur sang et de se charger de dettes pour lui assurer le trône. L'érection du duché de Thouars en pairie, pour l'arrière-petit-fils d'une cousine germaine de François Ier, n'ajoutait qu'un manteau d'hermines aux armoiries d'une famille dont le chef, la paix étant à peu près rendue à la France, désirait voir réduire le nombre de ses créanciers. D'ailleurs, deux ans et demi s'étaient écoulés sans que les lettres-patentes de la pairie fussent enregistrées par le parlement. En outre, comme l'un des principaux chefs du parti réformé, le duc était irrité de voir l'ajournement indéfini des garanties promises et dues à ses coreligionnaires. Aussi l'abjuration de Henri IV et ses changeantes amours donnaient-elles un ample aliment à la causticité du gentilhomme qui tenait, avant tout, à *avoir une femme bien nourrie et de même religion* que lui.

M. de la Trémoille n'en est pas moins à blâmer de n'avoir pas sollicité l'agrément de son roi, avant d'envoyer vers le comte Jean de Nassau et le prince Maurice, oncle et frère de Charlotte-Brabantine. Il eut le tort de céder aux conseils du duc de Bouillon, qui se préparait déjà, comme disait l'honnête Buzanval, à s'envelopper en un étrange labyrinthe. La demande fut, en effet, formée au nom de l'assemblée des Eglises protestantes, par une sorte d'affectation à donner au mariage un caractère politique. Quoi qu'il en fût, le mécontentement de Henri IV ne se manifesta pas assez pour compromettre le succès de la démarche. Des amis sages et dévoués, entre autres Gaspard de Schomberg, comte de Nanteuil, provoquèrent de la part du duc et appuyèrent des explications et des assurances auxquelles, bien que tardives, le roi, naturellement porté à la clémence, ne resta pas insensible. L'offense fut encore atténuée par l'intervention personnelle de la princesse d'Orange, préparée sans doute par une de ces missives intimes qu'elle échangeait souvent avec son ami d'enfance (1).

De Dieppe, où elle était débarquée le 18 janvier 1598, après une

---

(1) Témoin celle que Henri IV lui écrivit, le 2 avril 1606, au sujet de la soumission du duc de Bouillon : « Ma cousine, je dirai, comme fit César : *Veni, vidi, vici*, ou comme la chanson : *Trois jours durèrent mes amours*, etc., etc. »

pénible traversée, elle arrive directement à Paris, pour présenter sa chère fille au prince dont les hautes qualités lui font excuser les faiblesses. Doublement heureuse de l'accueil reçu par Henri de Nassau comme par sa sœur, Louise de Colligny part pour le Poitou vers le milieu de février. L'absence de Du Plessis-Mornay, retenu auprès de Henri IV pour les négociations avec le duc de Mercœur et les préparatifs du voyage de Bretagne, rendait impossible la célébration du mariage à Saumur, ainsi qu'on l'avait d'abord arrêté. D'un commun accord, on choisit Châtelleraud, où était encore réunie l'assemblée des Eglises réformées. Un logis y avait été préparé pour la princesse d'Orange, ses enfants et leur suite. Ils y arrivèrent à la fin du mois, en compagnie de la duchesse de Bouillon, tandis que le mari de celle-ci et M. de la Trémoille accouraient à Tours, pour prier Henri IV « d'excuser le passé et d'attendre d'eux, pour l'avenir, toute obéissance (1); » promesses trop vite oubliées.

Par le contrat de mariage, signé le 11 mars, la duchesse reçoit un douaire de 12,000 livres de rente, si M. de la Trémoille meurt sans postérité. S'il laisse des enfants, cette somme sera réduite à 9,000 livres, mais avec usufruit de tous les biens pendant leur minorité. La dot de la mariée se monte, outre ses droits à la succession de son père, encore indivise, à 30,000 écus du chef de sa mère, dont 20,000 promis par le duc de Montpensier, à titre de restitution autant que par amitié. Seize mille livres donnés par les Etats généraux des Pays-Bas; 6,000 livres et une rente de 1,000 livres, au capital de 14,000, par ceux de la province de Hollande, témoignent leur reconnaissance envers la mémoire du libérateur des Provinces-Unies. Il y avait encore la rente de 2,000 livres votée par les Etats de Brabant, lors du baptême de leur filleule.

La cérémonie religieuse fut célébrée le soir même, puis toute la compagnie s'achemina vers Thouars, où eurent lieu les véritables noces, c'est-à-dire les festins, danses, feux de joie et autres réjouissances. Un mois plus tard, la princesse d'Orange et Henri de Nassau, puis le duc de la Trémoille lui-même, allaient rejoindre le roi à Nantes, où fut rendu le mémorable édit dont la révocation, par le petit-fils de Henri IV, restera l'un des plus grands malheurs qu'ait jamais éprouvés la France. Madame de Bouillon partit elle-même pour Turenne à la fin d'avril. Désormais, à part quatre ou cinq rencontres de courte durée, il fallut recourir à la correspondance épistolaire pour l'entretien d'affectueuses relations, à peine traver-

(1) Lettre de Villeroy, imprimée dans la *Correspondance* de Du Plessis-Mornay, vol. VIII, page 154.

sées par quelques nuages dissipés promptement, et dont le résultat fut de mettre en relief le bon cœur ainsi que le jugement de Louise de Colligny.

A partir du mariage de la duchesse de la Trémoille, et après ces détails indispensables pour l'intelligence de plusieurs de nos lettres les plus importantes, il ne reste plus que peu de mots à ajouter, la princesse d'Orange ne pouvant avoir de meilleur biographe qu'elle-même. Sa mort suivit de près la dernière de ses missives, car elle décéda au milieu de novembre 1620, à l'âge de soixante-cinq ans, dans son·pays natal, où elle avait tant souffert mais qu'elle avait encore plus aimé.

Ses lettres, toutes olographes et sans date d'année, n'ont pu être classées par ordre chronologique qu'avec beaucoup de peine, et non sans erreurs probablement. Pour en faciliter la lecture, il a paru convenable d'y établir une orthographe régulière et uniforme, ainsi qu'il a été fait dans les citations précédentes (1), et d'y ajouter, entre crochets, quelques mots échappés à la plume ou nécessaires pour fixer le sens. Enfin des notes nombreuses désignent les personnages qui y sont nommés, ou expliquent les principaux faits indiqués sommairement.

Outre leur intérêt historique, surtout pour le règne de Henri IV et pour les affaires des Provinces-Unies, alors si intimement alliées de la France, les lettres de Louise de Colligny sont remarquables par le naturel, les sentiments et le style. Ces qualités sont aujourd'hui reconnues à la correspondance des grandes dames protestantes du XVIe et du XVIIe siècle. Nous ne croyons pas qu'elles y existent nulle part à un si haut point que dans celle de la princesse d'Orange avec la duchesse de la Trémoille.

(1) En note de la lettre 29e on trouvera le texte original d'une lettre de la princesse d'Orange.

LETTRES

DE

LOUISE DE COLLIGNY, PRINCESSE D'ORANGE

A

CHARLOTTE-BRABANTINE DE NASSAU

DUCHESSE DE LA TRÉMOILLE

1598-1620

1. — *De Paris, vers le 4 novembre* 1598.

Chère fille, ayant eu des nouvelles de Monceaux (1) depuis avoir fait partir votre laquais, j'ai estimé vous devoir envoyer celui-ci, afin que M. de la Trémoille fût d'autant mieux éclairci, par la lettre que je lui envoie, de l'intention du Roi. Sa présence ici lui servira plus que chose du monde. Au nom de Dieu, conseillez-lui d'y venir, et en cela ayez plus d'égard à sa fortune qu'à votre contentement. Je sais bien que vous avez le courage assez magnanime pour en cela surmonter votre propre volonté. Plus tôt il sera ici et plus tôt il sera de retour auprès de vous.

Monsieur votre cousin (2) s'en va dans deux jours à Rouen, et demain MM. le comte d'Auvergne (3) et de Nemours (4),

---

(1) Château royal situé près de Meaux (Seine-et-Marne), que Henri IV avait donné à Gabrielle d'Estrées en lui conférant le titre de marquise de Monceaux.

(2) Henri de Bourbon, duc de Montpensier, gouverneur de Normandie.

(3) Charles, bâtard de Valois, duc d'Angoulème, etc., etc., fils de Charles IX et de Marie Touchet.

(4) Henri de Savoie, duc de Nemours,

le Grand (5) et d'autre jeunesse vont à Monceaux, danser un ballet devant le Roi, qui doit, ce dit-on, venir lundi à Saint-Germain (6). Ma fille, soyez soigneuse que votre bon mari m'apporte mon argent (7), mon horloge et mes pommes de lit, et je serai soigneuse de faire faire ici tout ce que me manderez pour vos couches.

Bonsoir, chère fille, je suis toute à votre service.

2. — *De Paris, le 6 décembre* 1598.

C'est le pied en l'étrier pour aller à Saint-Germain que je vous écris ce mot, remettant par M. de Saint-Christophe (1) à vous écrire davantage. Nous avons donné ordre à tout ce qui est contenu dans votre mémoire. Je laisse ici mon tailleur pour faire tout ce qui est de son métier. Les tapissiers assurent que ce qui est du leur sera prêt dans peu de jours ; de façon que je crois que rien ne vous manquera au temps qu'en aurez à faire. Vous avez beau me dire que désirez que je soie à vos couches. Je vous ai mandé la seule occasion qui me retenoit, et y pouviez donner ordre, au moins votre bon mari ; ne l'ayant pas fait, je crois qu'il n'en a point envie. J'en suis bien en colère contre lui, et ne lui écrirai point par dépit, encore que j'aie prou de sujet pour lui écrire, mais ma colère et mon partement soudain m'en empêchent. Je vais me mettre en continuelle prière pour vous. Puisque présente je ne vous puis rendre de service, absente je vous rendrai celui-là, qui est bien le meilleur de tous ; et le cœur me dit que Dieu vous donnera un fils, car tout ce que je fais faire, je dis toujours : *Pour le petit*, sans y penser ; et ne m'est jamais arrivé de dire : *Pour la petite.*

(5) Roger de Saint-Lary, duc de Bellegarde, grand écuyer de France.
(6) Henri IV était à Monceaux au commencement de novembre 1598, et il y a une lettre de lui, datée de Saint-Germain-en-Laye le lundi 8.
(7) Elle avait fait au duc de la Trémoille, lors de son mariage, un prêt dont la gêne de celui-ci retarda le remboursement.
(1) Gentilhomme de la maison du duc de la Trémoille, et gouverneur de Mauléon, en Poitou, aujourd'hui Châtillon-sur-Sèvre.

Adieu, ma chère fille, Dieu vous donne aussi heureuse délivrance que la vous désire   **L.**

A Paris, ce 6 décembre.

3. — *De Paris, vers le 15 décembre* 1598.

Chère fille, je suis désespérée de ne pouvoir être à vos couches, que je crois devoir être dans huit jours, et m'imagine que vous donnerez un beau fils à M. de la Trémoille, pour ses étrennes. Non, il est bien certain que je ne lui pardonnerai jamais, ou pour le moins de longtemps, d'être cause que je ne suis pas auprès de vous à heure où je ne crois pas que je vous [eusse] rendu beaucoup de service, mais je sais bien que l'on est extrêmement aise d'avoir ce que l'on aime et que (1) l'on est assuré d'être bien aimé; et sans doute si j'eusse eu de l'argent j'y fusse allée. Voulez-lui-en un peu de mal, je vous prie, et le sollicitez d'envoyer un pouvoir pour traiter avec le comte de Fiesque (2), car si ce n'est par ce moyen-là, je vois bien que je ne suis pas encore prête d'être payée.

Faites aussi, ma fille, que ce bon enfant me fasse réponse touchant la terre dont je lui écris, car je veux sortir d'affaire avec M. de la Noue (3), et il n'a point de moyen de me payer qu'en vendant une terre. Il m'a donné la déclaration de Chavannes (4), que j'entends que M. de la Trémoille veut avoir. S'il ne la prend, je la prendrai, et crois qu'il me la laissera à 25,000 écus.

Si M. de la Trémoille la veut prendre, on m'a dit qu'il désire que je prisse des rentes de Hollande. Vous n'y avez que 1,000 livres de rente assurée, rachetable de 14,000 francs,

(1) *Sic*, pour *de qui*.
(2) Pour un emprunt probablement.
(3) Odet de la Noue, fils du célèbre François de la Noue, surnommé *Bras de Fer*, et de Marguerite de Téligny, sœur du premier mari de la princesse d'Orange.
(4) Terre située près de Montreuil-Bellay, en Anjou, et non loin de Thouars, dont elle relevait.

que je sais bien que Messieurs les États ne sont pas en terme
de racheter, car leurs moyens sont fort courts à cette heure.
Et quand ils le pourroient, je sais que ce n'est pas leur
intention, car ils veulent que vous et les vôtres reteniez
toujours ce témoignage de leur libéralité ; et moi je désire
aussi que ce que j'ai en France demeure en France, afin
que mon fils se ressouvienne toujours qu'il a eu une mère
françoise. C'est pour vous dire, ma chère fille, que quand
M. de la Trémoille achèteroit cette terre de M. de la Noue
pour m'en bailler l'argent, je ne pourrois prendre partie de
mon paiement sur ces rentes là. Qu'il me fasse donc réponse,
s'il vous plaît, et s'il prendra cette terre ou non ; je lui en
envoie la déclaration (5).

Au reste, j'ai dit à M. de Dommarville (6) qu'il vous mande
le ballet dont votre petit frère a été et où il a triomphé.
Vous aurez les paroles des airs qui y ont été chantés à la
première commodité. Je mande à M. de la Trémoille quelque petite brouillerie qui fait que je vais un peu plus rarement
que je ne soulois chez Madame (7), mais toujours je n'y suis
point mal ; avec Mme de Rohan (8), aussi bien que jamais. Il
y a mille petites choses qui se pourroient dire. Accouchez
vitement, et puis nous envoyez votre bon mari ; il apprendra
en peu de temps force nouvelles pour vous reporter. Et moi
je vous assurerai que je suis toujours cette mère qui vous
aime comme elle-même, et qui prie à cette heure continuel-
lement Dieu qu'il vous donne heureux accouchement.

4. — *De Paris, le* 31 *décembre* 1598.

Ma fille, un fils (1) ! j'en pleure de joie. Enfin je n'ai

(5) Acte dans lequel sont énumérés les droits, domaines et revenus
appartenant à une seigneurie.
(6) Gouverneur de Frédéric-Henri de Nassau.
(7) Catherine de Bourbon, sœur de Henri IV.
(8) Catherine de Parthenay.
(1) Henri de la Trémoille, né le 22 décembre 1598, fut baptisé le
15 mars 1601. Son parrain fut Henri IV, représenté par M. de Pa-
rabère, gouverneur de Poitou, et sa marraine la princesse d'Orange.

point de parole pour vous représenter mon contentement, car il est par-dessus toutes paroles et tous discours. Vraiment vous avez bien de l'avantage sur toutes vos sœurs (2) d'avoir si bien commencé, et si promptement. Quoi, dix jours après être mariée (3)? Pour certain, je crois que c'est du jour que nous déjeunâmes si bien sur votre lit. Or, Dieu soit loué, de quoi vous êtes si heureusement accouchée; mais je voudrois bien vous avoir vue et ouï ce que vous disiez en vos maux, et désire bien de savoir comment vous vous serez portée depuis. Commandez bien à Mlle d'Averly (4) qu'elle me l'écrive fort particulièrement. Je meurs d'envie de voir ce petit-fils, et comment vos petites mains le manient. Croyez que votre petit frère est bien glorieux d'avoir ce petit neveu, et M. de Bouillon bien en colère de ce que votre sœur ne ne lui en fait (5).

Du Vilars (6) a été prophète, car elle m'a toujours dit que vous accoucheriez le propre jour que vous fîtes, et que vous feriez un fils. Elle veut que [ce] soit elle, et non moi, qui vous envoie les vers qui ont été faits à un ballet (7) qui a été dansé à Saint-Germain, au baptême d'Alexandre-Monsieur (8), dont votre petit frère étoit, et des premiers et de ceux qui ont eu plus de louange. M. Dommarville vous écrira tout particulièrement, et moi je ne vous parlerai d'autre chose que de vous et de vos faits. J'admire que vous m'ayez écrit sitôt après vos grands maux et si bien, car jamais vous

(2) « Vous avez emporté le prix de nous toutes, ayant fait un beau garçon. » Lettre de Madame de Bouillon.

(3) Le contrat avait été signé le 11 mars, mais les scrupules de la jeune épousée retardèrent la consommation du mariage. Aussi le duc de Bouillon écrivait-il, le 13, à Du Plessis-Mornay : « Les noces sont faites, mais non du tout accomplies, s'y étant passé plusieurs jolies contestations. » Elles paraissent avoir duré une huitaine de jours.

(4) Demoiselle d'honneur de la duchesse, qui l'avait amenée des Pays-Bas.

(5) Des deux fils (avec six filles) qu'il eut d'Elisabeth de Nassau, l'aîné, Frédéric-Maurice, naquit le 22 octobre 1605, et le second, Henri, l'illustre vicomte de Turenne, le 11 septembre 1611.

(6) Demoiselle d'honneur de la princesse d'Orange.

(7) Pour les nombreux ballets dansés à la cour de Henri IV, voir notamment les *Mémoires de Bassompierre*.

(8) Second fils de Henri IV et de Gabrielle d'Estrées, né à Nantes le 19 avril précédent.

n'écrivîtes mieux. Je vous garderai cette lettre pour faire
honte à celles que vous écrivez en santé; et finirai cette lettre
avec la fin de l'année, car voilà minuit qui sonne le dernier
de l'an.

5. — *De Paris, au commencement de mars* 1599.

Je suis si interdite du partement de votre frère (1) que je
ne sais [ce] que je fais. Cela m'a empêchée, depuis que j'ai eu
cette nouvelle, d'écrire ni à vous ni à personne, car je ne
pense plus qu'au moyen de le faire retourner avec quelque
lustre et moyen de servir sa patrie : de façon que je ne
parle à cette heure qu'hommes, armes et chevaux ; et pour
en faire, je vous laisse à penser s'il me faut trouver de
l'argent, à quoi me fait extrême besoin celui que me doit
votre bon mari. Vous avez intérêt, ma fille., à ceci : c'est
pour l'honneur de votre frère, pour le bien de votre pays.
Faites donc, je vous supplie, que je reçoive cette partie.
Quand vous ne me la devriez point, je m'adresserois à vous
en une telle occasion, où il y va de l'honneur et de la répu-
tation de votre cher frère, car Messieurs les Etats me prient
instamment qu'il leur mène une bonne troupe. Je remets
à M. Chauveau (2) à en discourir davantage à M. de la Trémoille et à vous. Je vous baise les mains à tous deux.

Le principal regret de votre petit frère est de ne vous pouvoir voir, et son petit neveu, devant partir. Madame (3) part
jeudi. Vous n'avez jamais [vu] tant de regrets de laisser la
France. Mme d'Angoulême (4) m'attend à dîner, qui me fait
finir. Adieu, ma fille.

(1) Frédéric-Henri. Les Etats généraux des Pays-Bas l'avaient rappelé pour qu'il prit part aux opérations militaires de cette année.
(2) L'un des secrétaires du duc de la Trémoille.
(3) La sœur de Henri IV avait épousé, le 30 janvier 1599, Henri de
Lorraine, duc de Bar.
(4) Diane, bâtarde légitimée de Henri II, veuve de François de Mont
morency, maréchal de France.

6. — *De Paris, mars* 1599.

Madame ma fille, je vous ai écrit il n'y a que deux jours, par M. de Bourron (1), et ce laquais a vu partir Madame et vous en porte des lettres, et de votre sœur (2), qui a vu les derniers adieux du Roi et de Madame, qui ont été pitoyables : car Madame s'évanouit en disant adieu au Roi, qui pleura fort aussi. Je me prépare bien aussi à des larmes au partement de votre petit frère, dont j'attends d'heure en heure le dernier commandement; qui est occasion que je ne puis le vous envoyer, et vous assure qu'il en a extrême regret. Mlle de Touteville (3), Mlle de Lucé (4) et Mme de Toury (5) me demandent toujours fort de vos nouvelles. Mlle de Lucé dit que vous l'avez oubliée, et je lui fais toujours reproche que c'est elle. Le mariage de Mlle de Longueville (6) est près d'être rompu; toutefois on est après pour faire qu'il s'achève, mais la petite Mme de Longueville n'est pas toujours capable de raison.

Ah! qu'il y a de discours à faire! Mais d'écrire, point de nouvelles? Laissez venir votre mari, il en apprendra prou. Je suis si malade depuis deux jours qu'à peine vous puis-je faire ce mot, et n'écris point à votre bon mari, car il faut que je me mette au lit n'en pouvant plus d'une extrême migraine. Au reste, chère fille, je vous ai tant de fois fait mes plaintes, et à lui aussi, de mes incommodités, que je ne saurois faire autre chose, sinon de continuer et vous supplier d'y apporter un remède.

(1) Gilles de Bourron, gentilhomme du duc de la Trémoille, chargé de ses affaires en cour.

(2) Madame de Bouillon.

(3) Marguerite d'Estouteville, fille de Léonor d'Orléans, duc de Longueville, et de Marie de Bourbon.

(4) Anne de Montafié, mariée le 27 décembre 1601 avec Charles de Bourbon, comte de Soissons.

(5) Françoise de Noailles, femme de Gabriel de Clermont-Tonnerre, seigneur de Toury.

(6) Catherine d'Orléans, sœur aînée de Mademoiselle d'Estouteville, morte sans avoir été mariée.

Je vous baise mille fois les mains, faisant vœu inviolable de vous aimer à jamais plus que moi-même.

7. — De Paris, 24 avril 1599.

Madame ma fille, au retour d'un petit voyage que j'ai fait jusques à Vigny (1), où votre petit frère me dit adieu, je fis la Cène à Mantes, à Pâques, et de là revenant ici, je trouvai Certon (2) de retour, par lequel je fus extrêmement aise de savoir des nouvelles de M. de la Trémoille, de vous et de mon petit-fils, qu'il m'a dit être le plus beau du monde ; et encore hier j'en appris par un de votre bon pays, qui m'apporta un mot de votre main, qui me dit que cet enfant est si beau et en si bon point que l'on le prendroit toujours pour un Hollandois, qui est à son opinion la plus belle louange qu'il lui puisse donner. A mon retour ici je trouvai bien du changement par la mort de Mme la duchesse (3) ; mais ce piteux discours vous aura été fait de tant d'endroits que ce seroit redite de vous en faire un récit sur ce papier. De vous dire aussi comme il ne se parle d'autre chose que de marier le Roi, vous le savez ; je vous parlerai donc d'autre chose.

Seriez-vous bien si honnête femme que d'être d'une partie que nous avons faite, M. de Bouillon et moi, d'aller aux bains ce mois de juillet ? Mme de Bouillon s'y trouvera aussi. Je sais bien que vous n'avez point de maladie qui vous y mène, Dieu merci ; mais je sais bien aussi qu'il n'y a rien au monde qui fût meilleur pour la migraine de M. de la Tré- moille, et m'assure que vous êtes si bonne femme que vous ne voudriez pas manquer de l'accompagner. Plût à Dieu que cette bonne inspiration lui vînt en l'esprit.

---

(1) Ancien et beau château existant encore, près de Pontoise, et qui appartenait alors à Charles de Montmorency, amiral de France, frère du connétable Henri.
(2) Valet de chambre de la princesse d'Orange.
(3) Gabrielle d'Estrées, marquise de Monceaux, puis duchesse de Beaufort, morte dans la nuit du 9 au 10 avril précédent.

Vous avez tort de vous plaindre de ce que votre petit frère ne vous a point été voir, car il en a eu encore plus de regret que vous; et croyez, ma fille, que s'il eût été possible il eût fait ce voyage. Quand vous ouirez toutes mes raisons, vous jugerez bien qu'il n'a pu; et faut que je vous avoue que j'ai été surprise en son partement, car je ne pensois pas qu'il dût être mandé si tôt; et m'a fallu user d'une telle diligence, pour ne faire point attendre les vaisseaux, que je n'ai pas eu loisir de lui faire faire mille choses qui lui étoient nécessaires. Je n'ai point eu de ses nouvelles depuis son embarquement (4), qui fut il y eut hier huit jours, avec un si bon vent que j'espère que Dieu l'aura conduit heureusement.

Je vous supplie, ma fille, vous ressouvenir de la promesse que vous m'avez faite par Certon, et en solliciter celui à qui vous en avez donné la charge. Il est bien certain que cela nous a du tout incommodés, votre petit frère et moi. Je n'en veux plus écrire à M. de la Trémoille, car je vois bien que cela l'importune.

Quant à ce que vous me mandiez pour Isabeau (5), j'étois après pour lui persuader de vous aller trouver, lorsque j'ai su que la vôtre vous avoit promis de demeurer. Je trouvois de grandes difficultés en la mienne, parce qu'elle ne vouloit promettre de demeurer auprès de vous qu'autant que je demeurerois en France; et je sais bien quelle incommodité c'est d'avoir des femmes pour peu de temps et combien ce changement est fâcheux. Après, elle vouloit demander congé à sa mère : somme que je trouvois force difficultés, [ce] qui m'a fait être bien aise que vous ayez retenu la vôtre. On m'a dit que Mᴵˡᵉ d'Averly sera bientôt en cette ville; je m'en réjouis pour apprendre par elle bien particulièrement de vos nouvelles. Bonsoir, ma fille, je meurs d'envie de dormir. Je m'assure que vous aurez autant de peine à lire cette mauvaise écriture que moi la vôtre; certes, il faut que je vous

---

(4) A cause de la guerre contre les Espagnols, les communications entre la France et les Provinces-Unies des Pays-Bas ne pouvaient avoir lieu que par mer.

(5) Fille de chambre.

dise que vous désapprenez tous les jours à écrire. Si vous ne
croyez que je suis toute à vous, et que je vous aime plus que
ma vie, vous avez extrême tort ; mais amenez ce mari aux
bains, pour Dieu, et aimez toujours la pauvre mère qui vous
baise, et mon petit, cent mille fois. Bonsoir encore un coup,
ma fille.

Je n'écris point à M. de la Trémoille, car je vois bien qu'il
me veut du mal. Si serai-je, voire quand il ne le voudroit, sa
très-humble mère.

A Paris, ce 24 d'avril.

8. — *De Pougues, juillet* 1599.

Madame ma fille, j'arrivai hier au soir en ce lieu de Pougues (1), où j'ai trouvé M. et Mme de Bouillon et leur petite (2),
qui est la plus belle et la plus jolie qu'il est possible. Au
reste elle m'a prise en une amitié si grande que j'en suis
extrêmement glorieuse, car ils disent tous qu'elle n'a jamais
caressé personne que moi. Elle ne fait plus cas de père ni
de mère ; il n'y a que sa grand'maman. Cela est si violent que
j'ai peur qu'il ne dure pas ; je ferai bien pourtant tout ce
que je pourrai pour conserver sa bonne grâce.

J'ai trouvé que l'on vous faisoit cette dépêche. M. de Bouillon m'a dit tant de bien de vous qu'il n'est pas possible de plus,
et m'a tant représenté l'extrême contentement que vous possédez que je meurs d'envie de vous y voir ; et serois de la partie
pour vous aller trouver là où Mme de Bouillon vous doit voir,
si des affaires d'importance ne me rappelloient à Paris au
commencement d'août, à quoi je ne pourrois manquer sans
un notable préjudice. Mais si faut-il bien, ma fille, que nous
trouvions moyen de nous voir. N'y auroit-il point de moyen
que vous puissiez venir faire vos secondes couches à Sully (3),

(1) Bourg du Nivernais (Allier), célèbre par ses eaux minérales.
(2) Louise de la Tour, morte jeune.
(3) En Sologne (Loiret). Après avoir acquis du duc de la Trémoille,
en 1602, à raison de 150,000 livres, la baronnie de Sully et ses dépen-

là où je vous irois servir de garde, mais je ne me l'ose promettre, tant je le désire ; et toutefois, si vous étiez bonne
fille, vous donneriez ce moyen-là à votre mère, qui vous aime
et vous chérit de toutes ses affections et est plus à votre
service qu'elle ne vous peut dire. M. de Bouillon dit que votre
fils ressemble à sa fille. C'est imagination, car il ne l'a pas
vu. Ma fille, je n'ai encore nulle assurance pour cet argent
que vous savez (4). Je vous supplie d'y mettre ordre, vous
ne croiriez pas combien cela m'incommode. Je ne m'en prends
qu'à votre bon mari et non pas à vous, mais je vous supplie,
ma fille, d'y pourvoir ; et me tenez en votre bonne grâce, et
m'aimez comme votre humble et très-affectionnée mère à
vous faire service.

9. — *De Château-Renard,* 29 *octobre* 1599.

J'aimerai toute ma vie davantage cette belle demeure de
Château-Renard (1), puisque, contre mon espérance, chère
fille, j'y ai reçu de vos nouvelles. J'en ai de l'obligation à
M. de Moulinfrou (2) qui a eu le soin, incontinent qu'il a été
arrivé chez lui, d'envoyer exprès vers moi pour m'envoyer
vos lettres et me mander de vos nouvelles, qui ne pouvoient
arriver en meilleure saison qu'à cette heure que je viens d'en
recevoir une qui m'afflige un peu. C'est qu'en ayant des
lettres de votre bon pays, par lesquelles on m'assure que vos
frères se portent fort bien, on écrit à une de mes femmes
qu'un des laquais de votre petit frère est mort de peste. Vous
savez qu'il n'en faut pas tant à mon appréhension pour me
donner bien de la peine, mais je me fie que Dieu gardera
ce que nous aimons.

Il est bien certain que je ne pouvois recevoir rien qui me

dances, Maximilien de Béthune, marquis de Rosny, les fit ériger en
duché-pairie, au mois de février 1606.

(4) Un fragment de lettre de M. de la Trémoille à sa femme, en date
du 2 septembre suivant, porte qu'il enverra un de ses gentilshommes
pour payer Madame la princesse d'Orange.

(1) Près de Montargis (Loiret).

(2) François de la Trémoille, frère bâtard du duc.

consolât davantage en cette affliction ici que vos lettres, qui
m'apprennent que vous et notre petit mignon vous portez
bien. Dieu sait, mon cœur, combien je me souhaiterois à la
naissance de ce qu'avec l'aide de Dieu vous mettrez bientôt
au monde; mais il m'est impossible pour des affaires qui
m'appellent à Paris, incontinent après cette Saint-Martin, que
je ne pourrois négliger sans une notable perte. J'ai pris ce
peu de temps pour en venir faire quelques-unes ici, et donnerai jusqu'à la maison de ma cousine, la marquise de Mirebeau (3), qui est à deux journées d'ici (4), où je trouverai
mon frère (5) et ma belle-sœur, le marquis, la marquise et
leur fille. Je partirai le lendemain de la Toussaint pour y aller
et ne serai que huit jours, si Dieu plaît, en tout mon voyage,
pour incontinent m'en retourner à Paris, où j'ai laissé votre
bon et cher mari, qu'il faut bien que je vous dise que j'aime
mieux que je ne fis jamais, pour tant de démonstrations
d'amitié qu'il m'a fait paroître, et surtout en l'honneur qu'il
m'a fait de vouloir que je soie témoin au nom que portera
mon petit-fils : de quoi je me suis déjà réjouie avec vous par
une lettre que je vous écrivis à mon partement de Paris, où il
m'a retenue contre ma volonté plus de quinze jours; mais qui
pourroit résister à ses prières quand il veut quelque chose?

Ce qui me le fait aimer plus que tout, c'est l'extrême amour
qu'il vous porte; car c'est chose certaine qu'il est passionnément amoureux de vous. Je m'étonne de ce que vous dites
qu'il y a si longtemps que n'avez eu de ses lettres, mais à
cette heure je sais bien que vous en aurez reçu, et qu'il
n'aura pas failli à vous mander la bonne chère que lui fait
le Roi, et le commencement de témoignage qu'il lui a rendu
de sa bonne volonté. Je hâterai le plus que je pourrai mon
voyage, afin de le retrouver à Paris, car si j'y faux il ne me
le pardonnera jamais. Vous ne croiriez pas combien il est en
colère de ce voyage que je vais faire en Bourgogne : nous

(3) Anne de Colligny, fille de François de Colligny, seigneur d'Andelot, et femme de Jacques Chabot; leur fille, Catherine, épousa en 1615
le baron de Termes.   .
(4) Tanlay, près Tonnerre (Yonne).
(5) Charles de Colligny, marquis d'Andelot, marié à Huberte de Chas-
tenay.

en avons eu mille querelles, mais de ces querelles que vous savez. Il est fou de son fils et nous a souvent conté, à M. de Montpensier et à moi, les caresses qu'il avoit faites à Madame sa femme (6), qui arriva à Paris deux jours après que j'en fus partie. Il y a aujourd'hui quinze jours que je laissai cette grande cité, de façon que ce que je vous en pourrois mander seroit vieilles nouvelles, et aussi que vous en aurez eu de Paris depuis que j'en suis partie.

Je finirai donc après vous avoir un petit tancée, chère fille, de ce qu'il semble que vous eussiez eu doute de mon amitié. Non, croyez, mon cœur, que si rien au monde est ferme et stable, que c'est la parfaite amour que je vous porte. Les paroles, et même dites sur ce papier, sont de trop foibles témoignages pour vous en donner assurance ; mais votre bon naturel, je m'assure, vous le persuade, et mes effets et mes services vous le feront toujours paroître. Baisez bien ce petit mignon pour moi. Je m'assure que vous l'aimerez encore davantage de ce qu'il ressemble à ce petit oncle. Je m'imagine qu'il sera une aussi bonne pièce que lui, puisqu'il commence déjà à imiter ses petites opiniâtretés.

Le Roi avoit donné charge à Aerssen (7), qui y est allé faire un voyage, de prier Messieurs les Etats, de sa part, qu'il pût venir ici cet hiver, mais on me mande qu'il n'y a point d'apparence qu'il puisse obtenir ce congé. Cela, avec cette autre fâcheuse nouvelle de ce laquais, ne me réjouit guère. Vos frères sont encore à la campagne, mais ils doivent [être] à la Haye à la Toussaint, qui sera dans deux jours.

Ma fille, je suis plus à vous qu'à moi-même. Je vous écrirai à mon retour de Tanlay.

Je pensois que vous aviez reçu cette boîte qu'un de mes laquais vous apporta dès que je revins de Pougues ; mais il me vient de dire qu'il avoit charge de Mˡˡᵉ d'Averly de l'envoyer en vos mains propres, sans qu'elle tombât en celles

(6) Henriette-Catherine de Joyeuse, duchesse de Montpensier.
(7) François d'Aerssen, greffier des Etats généraux des Pays-Bas, puis leur ambassadeur en France.

de M. de la Trémoille, de façon qu'il l'avoit gardée jusques à cette heure, de quoi je l'ai bien tancé.

A Château-Renard, ce 29 d'octobre.

10. — *De Paris, décembre* 1599.

Vous m'avez donc fait une petite fille (1)! Mon Dieu, que je m'imagine qu'elle est jolie, et vous trop brave d'avoir écrit soudain, après avoir eu tant de mal, à ce cher mari qui est si glorieux d'avoir fils et fille que l'on ne dure plus à lui. Au reste, croyez que si vous l'avez désiré en vos grands maux qu'il s'y est bien souhaité, et que s'il eût été en sa puissance il ne vous eût abandonnée; mais je m'assure que vous ne voudriez pas qu'il eût laissé ici ses affaires imparfaites pour votre particulier contentement.

Tout bonheur lui est venu à la fois, car le lendemain qu'il a eu la nouvelle de la naissance de sa fille, il a été reçu pair en la cour de Parlement (2), là où il a été accompagné de toute la maison de Lorraine (3) et de tous les seigneurs de cette cour. Et chose qui ne fut jamais, des dames y ont assisté. Mmes de Retz (4), les marquises de Maignelais (5) [et] de Noirmoutier (6), Mme de Fontaines (7) et moi y avons assisté : je dis séantes dans le parquet, auprès des gens du Roi. Au partir de là, il fit un fort beau festin à la compagnie, mais je vous dis très-beau, où rien ne fut oublié : vous connoissez ses curiosités. Je vous réponds que toute la compagnie est extrêmement édifiée. Au demeurant, il se gouverne de façon

(1) Charlotte de la Trémoille, dont il sera souvent parlé plus loin.
(2) Le 7 décembre, en vertu de lettres de jussion, datées du 3 juin précédent.
(3) Les ducs de Guise, de Mayenne, d'Aumale, d'Elbeuf, etc., et leurs familles.
(4) Claude-Catherine de Clermont, femme d'Albert de Gondy, duc de Retz, et ses filles.
(5) Antoinette de Pons.
(6) Charlotte de Beaune, veuve de Simon de Fizes, seigneur de Sauves, et femme de François de la Trémoille, marquis de Noirmoutier.
(7) Anne de Bueil, cousine germaine du duc de la Trémoille.

qu'il se fait aimer à tout le monde, et, miracle de ce temps, il n'a point encore eu de brouillerie, de façon que la vérité est qu'il se fait aimer et admirer. Pour moi je vous avoue que je l'aime mieux que je ne fis jamais, et vous estime la plus heureuse femme du monde, car vous avez un des plus honnêtes hommes du monde, de qui vous êtes parfaitement aimée. Et avez raison de croire qu'il n'a point d'amour, car il est certain qu'il n'en peut avoir que pour vous; et moi, mon cœur, qui meurs d'envie de vous voir,. avec le petit peuple que je baise, et vous, en imagination un million de fois. J'eus hier des nouvelles de votre petit frère, qui se porte fort bien, Dieu merci.

Adieu, ma mignonne. Votre bon mari est présent, qui me fait veiller et enfin qui fait de moi ce qu'il veut; mais il est si tard que je ne peux faire réponse à Mme de Moulinfrou (8) et ne sais plus ce que je dis.

11. — *De Paris*, 7 *juin* 1600.

Vos lettres m'ont encore trouvée ici, désespérée de ce que cette mauvaise maison (1) est en si mauvais état que je n'y puis aller de trois semaines. Il faut faire refaire tout le bas du logis, à cause qu'il y a eu tout cet hiver du bétail qui l'a tellement gâté et empuanté que c'est pitié. Mais je ne sais si cette lettre vous trouvera à Thouars. Que je porte envie à ce petit voyage que vous allez faire, où je voudrois bien faire le tiers; mais je le regretterai moins si vous ramenez la compagnie à Thouars, où je ne faudrai de me trouver au temps que vous l'ordonnerez.

Mon Dieu, chère fille, que je pris de plaisir hier à ouïr raconter les louanges de votre petite famille. Ce fut le sieur Pataudrière (2), que vous avez vu en Hollande, qui m'en entretint une bonne heure, et surtout me dit que votre fille seroit une des plus belles de France. Votre petit frère a été bien

(8) Jeanne de Cugnac.
(1) Lierville, en Beauce (Loir-et-Cher, canton d'Ouzouer-le-Marché, commune de Verdes).
(2) Gentilhomme poitevin au service des Etats généraux.

malade d'une grande fièvre qui l'a pris par trois fois, et par ses opiniâtretés de Nassau que vous connoissez, car il ne se vouloit garder en façon du monde. Si j'eusse su son mal tel qu'il a été, il n'y eût rien eu qui m'eût pu empêcher de passer la mer.

Le Roi est sur son partement, mais le jour encore incertain. Mⁱˡᵉ d'Entragues (3), qui est mieux avec lui que jamais, a été un peu malade ces jours-ci, et craignoit-on qu'elle accouchât. Ça été la peur d'un extrême tonnerre qu'il fit il y a quelques nuits qui lui a causé son mal ; à cette heure elle se porte bien. Ce tonnerre tomba en deux lieux dont mon logis est au milieu. Je vous laisse à penser quels furent mes effrois. Le Roi en fait des contes, et me fait dire mille choses à quoi je ne pensai jamais. Il ne fut guère moins effrayé que moi, quelque bonne mine qu'il fasse. A la vérité ce fut une chose épouvantable ; et a-t-on remarqué que huit jours auparavant il étoit tombé sur Notre-Dame, où Mʳ d'Evreux (4) avoit prêché, et ce jour là à Saint-Germain (5), où il avoit aussi prêché : de façon que l'on dit que ce tonnerre étoit Huguenot.

Je finis pour aller mener la duchesse de Brunswick (6) chez Mᵐᵉ la princesse de Condé (7), qui demeure à cette heure en cette ville, et M. le Prince (8) aussi, qui est le plus joli qui fut jamais.

Adieu, ma fille, je suis toute à votre service.

Je n'ai point encore reçu ce que vous savez. S'il vous plaît d'en parler à Mʳ de Bouillon ou lui en écrire, vous m'obligerez, car la vérité est que je suis incommodée pour la quantité d'argent qu'il me faut mettre à cette maison.

---

(3) Nouvelle maîtresse de Henri IV, qui lui donna le titre de marquise de Verneuil.

(4) Jacques Davy du Perron, fils d'un ministre protestant, et qui devint successivement évêque d'Evreux, cardinal du titre de Sainte-Agnès, grand-aumônier de France, archevêque de Sens.

(5) Saint-Germain-l'Auxerrois, dans la paroisse duquel est situé le Louvre.

(6) J'ignore si c'est la duchesse de Brunswick-Lunebourg (Dorothée, fille de Christiern, roi de Danemark), ou celle de Brunswick-Wolfenbuttel (Elisabeth, petite-fille du même roi).

(7) Charlotte-Catherine de la Trémoille, sœur du duc et veuve de Henri Iᵉʳ de Bourbon.

(8) Henri II de Bourbon, prince de Condé, né en 1588.

M. de Fervaques (9) se meurt ou est mort. Sa femme y est allée en une grande diligence. Il y en a bien après pour succéder à ses gouvernemens, qu'elle pensoit qui fussent assurés pour son fils ; mais le Roi m'a dit ne [les] lui avoir jamais promis. Je pense que [ce] sera M. le Grand qui les aura, au moins une partie.

A Paris, ce 7 de juin.

12. — *De Lierville*, 11 *octobre* 1600.

J'ai retins (1) votre laquais plus que je ne pensois, ma chère fille, parce que j'attendois des nouvelles de vos frères et que je savois bien que cela vous rendroit sa venue doublement agréable ; mais j'ai été frustrée de mon attente, car voilà des dépêches que j'attendois de Paris par lesquelles j'en pensois apprendre, et on me mande qu'il n'en est point venu : de façon que je n'en espère que par le retour du Sr de Beaumont (2), que j'y ai dépêché il y a six semaines. J'attribue cela au vent, qui a toujours été contraire, et n'excuse pas pourtant la paresse de delà la mer, car elle y est très-grande. Mais il me semble que votre bon mari n'est pas aussi bien fort diligent, de ne vous avoir rien mandé depuis qu'il est aux bains (3). Je crois qu'ils lui profiteront, car j'entends que c'est un souverain remède. Dieu veuille qu'il en revienne bien sain. J'attends en grande dévotion le laquais que j'ai envoyé à Turenne (4), et crois [qu'il] repassera à Thouars pour me rapporter encore des nouvelles de toute la petite famille. Je ne

(9) Guillaume de Hautemer, duc de Grancey, maréchal de France, lieutenant-général au gouvernement de Normandie, ne mourut qu'en 1613. Il avait épousé, en 1599, Anne d'Allègre, veuve de Guy XIX (Paul de Colligny), comte de Laval, dont elle n'eut qu'un fils, Guy XX, mort célibataire en 1605, comme on le verra ci-après.

(1) *Sic*, pour *retenu*.

(2) Gentilhomme de la princesse d'Orange.

(3) Les eaux, ou plutôt les boues de Barbotan (Gers), n'ont pas conservé la renommée qu'elles avaient alors contre la goutte.

(4) En Limousin (Corrèze), chef-lieu de la vicomté dont le nom a été rendu immortel par le neveu de Madame de la Trémoille.

vous puis résoudre, ma mignonne, du temps que j'aurai ce contentement de l'aller voir, parce que cela dépend de ce que me manderont ces bons beaux-fils, car eux et vous disposez de moi pour cela et pour toute autre chose.

Je suis si empêchée en mon nouveau ménage que vous ririez si vous me voyez. Je m'en vais lundi commencer à faire vendanges. Je suis aussi affectionnée à mon jardin que vous m'avez vue à celui de la Haye, mais quoique je fasse, je ne rendrai jamais cette maison agréable, car je n'y ai ni bois ni eaux; aussi, si j'en puis tirer mon argent, aimerois-je bien mieux en avoir une autre. J'ai eu mon frère qui y a demeuré des (5) jours, mais il s'en reva demain trouver sa femme, qui croit être en pareil état que vous; toutefois elle n'a point encore senti bouger son enfant. Je ne vous mande point de nouvelles, car à cette heure que je suis aux champs je n'en apprends pas beaucoup. Seulement viens-je d'apprendre, par des lettres de Paris, que la Reine (6) sera à Lyon à la fin de ce mois. Les dames en sont parties pour aller l'attendre à Marseille.

Ma chère fille, aimez toujours votre mère, qui vous chérit et vous aime toujours à l'égal de soi-même. Croyez-le, ma mignonne, et que je suis toute entièrement à votre service. Baisez mes enfans pour l'amour de moi : il me tarde tant de les voir que j'en meurs.

C'est à Lierville, l'onzième d'octobre.

13. — *De Lierville, fin d'octobre* 1600.

Madame ma fille, j'étois toute prête de vous dépêcher un laquais lorsque ce petit est arrivé. Je suis extrêmement aise d'avoir appris, par les lettres de votre cher mari et les vôtres, l'état de vos santés et de la petite compagnie; mais mon Dieu, ma fille, quel contentement de voir que ces bains lui aient été si utiles! Je me suis fait représenter par ce laquais comment il étoit dans cette boue. Je me le représente avec un

---

(5) C'est-à-dire *plusieurs*.
(6) Marie de Médicis n'y arriva que le 2 décembre.

gros valet qui lui pesoit sur les épaules pour le faire enfoncer, et lui qui faisoit une étrange mine de voir sa belle peau ainsi sale, mais bonne saleté puisqu'il s'en trouve si bien. Non, j'en ai une telle joie que je ne la vous saurois représenter, car pour moi je crois, que puisque cette année il a senti un tel profit, que quand il y aura été encore une autre fois qu'il ne se sentira du tout plus de ses maux. M. de Bouillon m'a mandé aussi qu'il s'étoit fort bien trouvé de ces eaux.

A ce que je vois, vos baptêmes sont remis jusques en février. J'enverrai bien auparavant savoir précisément le temps, car j'y veux être devant tous les autres. Je donnerai ordre cependant à mon ménage, où je suis si empêchée que je ne prends pas seulement le loisir d'aller à une lieue d'ici, de peur de faire perdre une journée à mes cavales, qui me servent à cette heure à tout. Je fais faire un jardin et planter force arbres, car je n'en ai trouvé un seul ici ; mais j'ai appris aujourd'hui de M. de La Rainville (1) un ménage qu'il dit qui vient de vous, à ce que lui a dit M. de la Noue, de quoi je me réjouis infiniment, car cela m'exemptera d'une grande dépense. C'est pour des ormes (2) femelles que je fais planter, que j'achète 50 francs le cent ; et il dit qu'en plantant des mâles, que j'aurai à beaucoup meilleur marché, les faisant enter ils seront encore plus beaux que les autres. Plût à Dieu que ma maison fût aussi près de vous que Chavannes, nous nous apprendrions l'une à l'autre de bons ménages.

Il me tarde si extrêmement de vous voir que j'en meurs. Je me suis bien fait conter des nouvelles de mes enfans par ce laquais. J'ai quelque espérance que nous pourrons bien voir cet hiver votre petit frère, que (3) Messieurs les Etats ont envie de l'envoyer vers le Roi, quand Sa Majesté sera mariée, pour se réjouir de son mariage et lui dire : *A la bonne heure!*

(1) Gentilhomme poitevin, probablement père de celui dont parle Levassor (*Histoire de Louis XIII*, vol. VI, page 219 de l'édition in-4º), et qui était attaché au duc de Soubise.

(2) Cet arbre réunissant sur le même pied les fleurs des deux sexes, il est probable qu'on donnait alors le nom de *mâle* à l'ormeau champêtre, et celui de *femelle* à l'ormeau à larges feuilles. Le dernier, encore préféré pour la plantation des avenues, se vend 120 fr. le cent.

(3) *Sic*, pour *car*.

comme on fait en votre bon pays. J'en suis extrêmement aise, et principalement afin qu'il ne demeurât point cet hiver en cette oisiveté de la Haye, là où ils se débauchent extrêmement. Croyez que j'en ai écrit depuis deux jours une bonne lettre à votre petit frère, par laquelle je parle bien à lui. Votre cousin le comte Ernest (4) est son grand gouverneur, et c'est lui qui le perd. Je lui en veux bien mal. Vos deux frères se portoient fort bien quand le sieur de Beaumont en est parti, qui est arrivé seulement depuis huit jours. Votre sœur (5) n'a point encore fait sa paix avec son frère. La duchesse d'Aerschot (6) est auprès de son mari ; le comte et la comtesse de Hohenlohe (7) sont à Buren (8), tout le reste à l'accoutumée. Mais, ma fille, mandez-moi un peu des nouvelles de ce mariage pour votre sœur (9), dont me parle M. de la Trémoille. Il me semble qu'il ne faut pas laisser échapper cela. J'entends que la belle Catherine de Rohan ne le refuseroit pas à cette heure. Il y aura de la fatalité aux filles de Nassau de lui ôter ses serviteurs (10). MM. de Rohan (11) ont été en Hollande comme Beaumont y étoit ; l'aîné m'écrit qu'il est fort content de vos frères et de Messieurs les Etats. Françoise (12) est là, qui fait fort de la galante ; et est-on fort étonné de quoi elle a laissé sa maîtresse.

(4) Fils du comte Jean de Nassau, frère puiné de Guillaume le Taciturne, prince d'Orange.

(5) Emilia de Nassau, fille de Guillaume le Taciturne et de sa seconde femme, Anne de Saxe, avait, malgré son frère-germain, Maurice de Nassau, épousé Emmanuel de Portugal, fils du roi Antoine, détrôné par Philippe II, roi d'Espagne.

(6) Marie de Brimeu, femme de Charles de Croy, duc d'Aerschot, prince de Chimay.

(7) Marie de Nassau, fille du premier mariage de Guillaume le Taciturne, et l'aînée de toutes les sœurs de Madame de la Trémoille.

(8) Ville des Pays-Bas, province de Gueldre, chef-lieu d'un comté appartenant aux deux enfants que le prince d'Orange avait eus d'Anne d'Egmont.

(9) Amélie de Nassau, la plus jeune des sœurs germaines de Madame de la Trémoille, ne fut mariée qu'en 1616, avec Frédéric-Casimir duc de Landsberg, second fils du duc de Deux-Ponts.

(10) Notamment le duc de la Trémoille. La belle et non moins sage Catherine épousa le frère aîné du duc de Landsberg, le 28 août 1604, au château du Parc-Soubise, près Mouchamp (Vendée).

(11) Henri, alors vicomte, puis duc de Rohan, et Benjamin, ser de Soubise.

(12) Fille de chambre.

Je n'ai eu nulles nouvelles de M. et de Mme de Bouillon depuis le retour de mon laquais, qui étoit allé par Thouars. Il me tarde bien de voir Mme de Givry (13) pour apprendre particulièrement de vos nouvelles, et le temps que vous devez accoucher. Ma cousine la marquise de Mirebeau et ma sœur d'Andelot sont en même état que vous. Vilars dit qu'elle sait bien que vous aurez toutes des fils, et Mme de Bouillon. Mais, ma fille, ne vous étonnerez-vous point de cette fille de Vilars, qui est à cette heure si grande ouvrière que l'on ne la peut tirer de l'ouvrage, et se plait tellement ici que si ce n'étoit pour aller à Thouars elle n'en voudroit point partir.

Comme j'étois en cet endroit, il m'est venu force nouvelles de Paris. Je vous en envoie copie, encore que je pense que M. de la Trémoille est beaucoup mieux averti que moi ; mais parce que celles-ci sont les dernières qui sont venues de Paris, possible ne les aurez-vous pas encore reçues. Mmes de Nevers (14) et de Longueville m'écrivent des lettres si pleines d'affliction qu'il n'est pas possible de plus, principalement cette pauvre mère, qui me fait extrême pitié.

Ma fille, je suis à vous, vous le savez bien : je dis plus qu'à moi-même. Je vous baise mille fois les mains.

14. — *De Château-Renard*, 28 *janvier* 1601.

Je bénis doublement ce jour ici, m'ayant été heureux en deux sortes : pour y avoir reçu des nouvelles de mes deux chères filles, et y avoir appris la naissance d'une nouvellement venue au monde (1). Je m'attendois que Mme de Bouillon auroit un fils, mais ce sera donc vous, ma belle mignonne, qui m'en donnerez un. Je fais état de partir d'ici, pour vous aller aider, de jeudi

---

(13) Marguerite Hurault, veuve de Anne d'Anglure, marquis de Givry.

(14) Henriette de Clèves, veuve de Louis de Gonzague, duc de Nevers, et sa fille aînée, Catherine de Gonzague, veuve de Henri d'Orléans. Il s'agit probablement de la perte de la puînée, Henriette, femme de Henri de Lorraine, duc d'Aiguillon, dont le P. Anselme indique, par erreur, la mort en 1601.

(1) Marie de la Tour, qui épousa, en 1619, son cousin-germain Henri de la Trémoille.

en huit jours, s'il plaît à Dieu, et passerai par Tours et vous menerai votre sage-femme (2), si elle n'est encore partie. J'irai par eau jusqu'à Saumur, de façon qu'il faudra, s'il vous plaît, que votre carrosse et vos chevaux fassent la petite corvée pour me venir quérir jusques-là. M. de Bouillon me mande qu'incontinent qu'il saura le Roi à Paris qu'il s'y en ira et qu'il me verra ici en passant, mais je lui mande que je m'en vais à Thouars, et que s'il est bon frère et bon fils qu'il nous viendra voir là ensemble; et à la vérité vous ne devez pas laisser passer cette occasion pour le baptême de vos enfans, car s'il est une fois embarqué à la cour il n'obtiendra pas son congé aisément. Je m'assure qu'il est trop honnête homme pour manquer à la promesse qu'il en a faite à M. de la Trémoille et à vous. Je vous envoie des lettres de madame votre tante et sœur, religieuses (3). Excusez-moi de plus longue lettre, car je ne m'ose beaucoup baisser pour une grande défluxion qui m'est tombée sur les dents, qui m'a enflé toute la moitié du visage, de telle façon que je ne vois presque goutte d'un œil. Je n'écris point à cette occasion à M. de la Trémoille, aussi que vous me mandez qu'il n'est pas à Thouars. Je serai très-aise, chère fille, s'il vous plaît de m'envoyer un laquais, comme vous me mandez, afin que par lui je vous mande sans faillir le jour que je pourrai être à Saumur. J'eus hier des lettres de Mme la Princesse, qui me commande fort de vous assurer qu'elle est fort à votre service. Elle me pensoit déjà à Thouars.

Le roi arriva mercredi en poste à Paris, ne fit que dîner chez Gondy et s'en alla à Verneuil (4).

Bonsoir, chère fille, que j'aime à l'égal de mon âme; je remets tout discours à cette vue tant désirée.

Ce dimanche au soir, 28 de janvier.

---

(2) Dans une lettre de M. de la Trémoille, elle est appelée *la Bourasel*, et *Madame Bourasé* dans une lettre de Madame de Bouillon.

(3) Jeanne de Bourbon-Montpensier, abbesse de Jouarre, près Meaux; et Flandrine de Nassau, qui devint plus tard abbesse de Sainte-Croix de Poitiers.

(4) Près Senlis (Oise), chez la belle Entragues.

15. — *De Fontainebleau*, 26 *mai* 1601.

Chère fille, j'attendois toujours à vous écrire amplement
par le Sʳ de la Sauzaye (1), et il a demeuré ici tant de jours
qu'il est mieux instruit de beaucoup de nouvelles qui s'y
passent que moi-même, qui, hors ce qui se fait en la chambre
de la Reine, ne sais pas grand'chose. Et pour cela je vous
aurai bientôt représenté toute notre vie, qui est premièrement
que l'on se lève fort tard. Pour moi, je ne vois la Reine qu'a-
près son dîner, car nulle dame ne se trouve ni à son lever ni
à son coucher, qui n'est pas petite commodité ; et soudain
qu'elle est prête, elle va ouïr la messe, et puis dîne. L'après-
dîner, toutes les dames se trouvent en sa chambre, où nous avons
l'honneur de parler fort familièrement à elle. Le Roi va et
vient de sa chambre au cabinet; il y fait mille voyages par
jour. Durant sa diète (2), la Reine et nous toutes ne bougions
de son cabinet, là où nous avions toutes nos ouvrages, qui est
un lit qu'a commencé la Reine, où nous travaillons toutes.
Sur le soir, on se va un peu promener, à cette heure que le
Roi l'a achevée; et auparavant que Sa Majesté la commençât,
c'est tout le jour la chasse aux sangliers. On revient fort tard.
Après souper, la musique en la chambre de la Reine, où cependant elle rit et cause avec nous et est de la meilleure humeur du monde. Madame de Ch. (3) est ici d'hier, qui défraie
la compagnie. J'en suis bien fâchée ; mais quoi, il faut rire,
car le Roi a des mots qu'il n'y a pas moyen de s'en empêcher.

On ne sort point de la chambre de la Reine qu'il ne soit
minuit et une heure. Hier soir il en était deux.

La Reine s'habille toujours à l'italienne, et ne prendra point
l'habit françois qu'après ses couches.

Je ne vous puis mander comment on porte des robes d'éta-

---

(1) Gentilhomme du duc de la Trémoille.

(2) Régime que suivait Henri IV, à cause de la goutte.

(3) Ces initiales désignent, je crois, Marguerite d'Ailly, veuve de
François de Châtillon, l'aîné des frères de la princesse d'Orange. On lit
dans une lettre que M. de la Trémoille écrivait de la cour à sa femme :
« Mᵐᵉ de Chastillon est ici, qui est bien laide et fait la jolie. »

mine, car je n'en ai point encore vu cette année; mais on porte fort des robes de petit taffetas noir doublées d'autre petit taffetas de couleur et toutes découpées, je dis tous ces deux taffetas, afin que la frange jette la couleur avec ce noir. Mlle de Guise (4) s'habille à l'italienne quand elle va à cheval. La marquise de Verneuil s'y habilla hier soir, et lui sied fort bien à cheval cet habillement, mais à pied non. La Reine fait fort bonne chère à Mme de Verneuil. A moi, elle me fait l'honneur de me la faire la meilleure du monde (5). Toute la cour part bientôt d'ici pour aller à Monceaux, et moi je m'en vais à Paris, voir si je ferai de fortunées affaires. Les dernières nouvelles que j'ai eues de vos frères sont du 5 de ce mois. Ils étoient à La Haye, se portoient bien et ne faisoient encore rien.

Voilà M. de la Sauzaye qui me presse si fort, qu'il faut que je finisse tout court, en vous assurant que je vous aime de toutes les puissances de mon âme, et nos petits enfants, et surtout mon petit mignon. Quand je serai à Paris, je lui enverrai un petit cheval tout chargé de coco. Je désire bien savoir si vous vous porterez à cette heure mieux, et si toutes vos douleurs sont passées, et comment M. de la Trémoille

---

(4) Louise-Marguerite de Lorraine, fille du Balafré, qui, après une jeunesse des plus galantes, épousa, en 1605, François de Bourbon, prince de Conti.

(5) Voici d'autres nouvelles de la cour, contenues dans une lettre du duc de Bouillon à la duchesse de la Trémoille, datée de Paris, le 8 mars précédent :

« Je n'ai pas vu grande cérémonie, n'ayant vu la Reine assise, mais toute debout, Mlle de Guise près d'elle, qui travailloit à des bandes de canevas pour une tapisserie. Le Roi se promène par la chambre avec elle; Mme de Verneuil y est venue une fois, laquelle fit rougir la Reine aussitôt qu'elle la vit, et puis elle la vint entretenir. Ladite marquise a fort souvent des piques avec le Roi, qui voit souvent la Bourdaisière; mais rien encore. Hier au soir, ladite marquise lui dit : « *Vous voulez* « *aller à la guerre ce soir! Vous êtes un vaillant homme qui ne faites* « *rien, ne tuez ni ne blessez personne.* » Le soir, le Roi demeure en la chambre de la Reine demi-heure, et puis s'en va à la ville, où la Varenne seul l'accompagne. Aux habits, je n'y ai rien reconnu de changé. Peu de femmes, et moins que n'en voyoit Madame. Mille brouilleries : la marquise de Guercheville mal avec sa maîtresse; la signora Léonor mal avec le maître; peu de serviteurs dans cette maison de qualité. La Reine a une façon libre, n'ayant encore guère étudié à celle de Reine : fort gaie et fort triste. Il n'y a ici lieu d'y voir séjourner beaucoup de femmes que je connois. »

se porte de sa diète. Adieu, chère fille, je n'ai plus de loisir; je suis toute à votre service.

A Fontainebleau, ce 26 de mai.

16. — *De Paris*, 13 *juin* 1601.

C'est avec tant de larmes et d'extrême ennui, chère fille, que je vous écris cette lettre que vous m'excuserez si je ne la vous fais longue. Je fais le discours à M. de la Trémoille de l'occasion de ma tristesse, à laquelle je sais bien que vous participerez à bon escient, car je sais combien vous étiez servante de cette digne princesse (1), qui n'a rien laissé au monde de semblable à elle. Je suis si touchée de cette perte, si particulière pour moi, que certes il m'est avis que j'ai perdu une partie de moi-même. On attend Madame à la fin de ce mois, et Mme de Montpensier dans deux ou trois jours. Je ne vous puis dire encore ce que je ferai. Je suis commandée d'aller à Monceaux; si mes affaires m'y portent, j'irai, et non autrement. Il y a si peu que je suis en cette ville, et avec tant de douleur, pour la maladie et puis pour la perte de cette pauvre princesse, que je n'ai pas encore eu loisir de m'y reconnoître ni de rien faire pour notre petit mignon; mais je m'en vais aviser à lui envoyer, par la première commodité, ce que je penserai qui lui soit agréable. Mme de Retz vous baise, et à votre cher mari, très-humblement les mains, et vous assure qu'elle est votre servante. C'est toujours la meilleure femme du monde.

A Paris, ce 13 de juin.

17. — *De Paris*, 21 *juin* 1601.

C'est avec une médecine au corps que je vous écris ce mot,

(1) Françoise d'Orléans-Rothelin, veuve de Louis Ier de Bourbon-Condé, mère du comte de Soissons, morte l'avant-veille à Paris.

de façon que votre cher mari et vous m'excuserez de long discours. J'ai toujours été malade depuis la mort de cette princesse, ce qui m'a empêchée d'aller à Monceaux, où sont Leurs Majestés, où je suis tous les jours conviée d'aller et par leurs lettres et par leurs commandements ; mais enfin, il faudra que j'y aille demain, car la Reine dit qu'elle me veut montrer sa maison. Leurs Majestés attendent Madame ; je vous laisse à penser quelle joie pour elle et sa troupe (1). J'ai eu l'honneur de voir Mme la princesse de Condé, à laquelle j'ai dit que je demandois une après-dînée d'audience particulière, pour parler de vous, c'est-à-dire de votre cher mari, sur le sujet des plaintes qu'il a sujet de faire d'elle. Je ne l'ai encore pu voir qu'avec compagnie, mais elle dit toujours que ce sera quand je voudrai. Il y a bien à discourir là-dessus ; mais [ce] sont discours pour Lierville et non pour mettre par écrit. M. le Prince est fort joli.

Je crois que vous verrez, si n'avez déjà vu, M. le Grand (2), qui vous aura conté force nouvelles. Celles de Hollande, c'est que vos frères sont devant Berg, sur le Rhin, que j'espère qu'ils emporteront bientôt. Je m'en vais envoyer Beaumont mener un fort beau cheval à votre petit frère, que le Roi m'a donné pour lui. M. et Mme de Montpensier sont à Monceaux ; elle est fort crue et embellie, et fort jolie. Ils s'en vont bientôt à Champigny, à ce qu'ils disent ; et moi, je vous baise les mains tout court, et à toute la petite troupe que je baise en imagination mille fois.

A Paris, ce 21 de juin.

18. — *De Paris, 29 juillet* 1601.

Voilà M. de Bourron qui m'avertit qu'un messager part dans une heure pour aller à Thouars, et il faut que dans demie je me trouve au prêche chez Madame, au Louvre. Vous saurez donc seulement, chère fille, que j'ai été extrêmement aise

(1) Surtout de quitter le séjour de Bar.
(2) Le grand écuyer, M. de Bellegarde.

d'apprendre par vos lettres que votre mal de bras soit guéri :
j'avois peur que ce fût comme celui de Mme de Bouillon. Vous
êtes donc encore grosse ? Que cela ne vous afflige, mon cher
cœur : c'est une bénédiction de Dieu bien grande. Notre Reine
l'est à bon escient, comme étant entrée depuis quelques jours
en son huitième mois. Cela est cause d'avoir rompu le voyage
de Blois, car elle y vouloit aller avec le Roi. Leurs Majestés
partent demain pour aller à Fontainebleau, d'où la Reine ne
partira plus qu'après ses couches. J'ai reçu commandement
d'y aller, mais je séjournerai quelques jours ici pour de petites
affaires. Je regrette que le voyage de Blois ne se fait, pour
l'amour de vous, car vous ne recouvrerez pas aisément une
si bonne occasion pour faire votre cour. Et vous, Monsieur
mon cher fils, qui vous en allez aux bains, si faut-il bien que
vous soyez de retour devant que je repasse la mer.

Les dernières nouvelles que j'ai eues de là sont du 6 de ce
mois. Ils prenoient ce terme ici pour être maîtres de la place,
de façon que j'espère que les premières nouvelles que j'en
aurai, ils seront dedans. L'Archiduc (1) assiége de son côté
Ostende, mais il y a de bons hommes dedans.

On me presse de façon qu'il faut, mes enfants, que je
finisse en vous baisant mille fois les mains. Encore faut-il
que vous sachiez que la comtesse de Saint-Paul et Mme d'Elbeuf (2) sont venues aux prises en la chambre de la Reine,
pour les rangs.

19. — De Paris, 2 août 1601.

Chère fille, s'il fait aussi chaud où vous êtes comme il fait
ici, je pense que votre exercice est, comme le nôtre, de chercher à vous rafraîchir ; et encore, en l'état où vous êtes, vous
êtes doublement à plaindre. Quand je vois la Reine et les in-

(1) Albert d'Autriche, mari de l'infante Isabelle, gouvernante des
Pays-Bas espagnols.
(2) Anne de Caumont, veuve du prince de Carency, remariée à
François d'Orléans-Longueville ; et Marguerite Chabot, femme de Charles
de Lorraine.

commodités qu'elle souffre, je pense en vous et en celles que vous souffrez. Il est vrai que vous n'êtes pas si grosse qu'elle, car elle est dans son huitième mois; mais cela n'empêche pas qu'elle fait des traits qu'autre femme grosse qu'elle ne fit jamais : car le Roi lui fait faire tous les jours des promenades, et par eau et par terre, qui nous rendent toutes malades et si harassées que nous n'en pouvons plus; mais Sa Majesté ne ressent nulle incommodité de tout cela.

J'ai fait retarder ce laquais pour reporter réponse à votre dur mari des poulets que j'ai donnés de sa part. Madame m'a promis que ce seroit demain. Vous n'avez jamais vu tant d'union qu'il y en a entre Madame et la Reine, ni moins de brouilleries qu'il y en a à cette heure à la cour. Vous avez vu M. le Grand et M. et Mme de Montpensier, qui vous en auront appris plus de nouvelles que je ne vous en saurois dire. J'attends de celles de vos frères avec une grande impatience : car ces siéges durent toujours, desquels je crois néanmoins que Dieu nous donnera enfin bonne issue. Je ne faudrai de vous faire part de leurs nouvelles quand j'en saurai; et, pour cette heure, je finirai avec la plus cruelle envie de dormir que j'eus jamais. Je baise mille fois tout notre petit peuple, et particulièrement notre petit mignon. Je crois que vous savez bien que la petite Dampierre est mariée avec M. de Ragny (1). Bonsoir, chère mignonne; je vous baise mille fois.

A Paris, ce 2 d'août.

20. — De Paris, 27 août 1601.

Que j'ai eu d'affliction, chère fille, lorsque j'ai su, par vos lettres que le Sr Chauveau m'a apportées, l'accident qui vous est arrivé en votre grossesse. Il y en a prou à qui la même chose est arrivée qui n'ont pas laissé de se trouver grosses pour cela; je ne serai point à mon aise pourtant que je ne sache

---

(1) Probablement par suite de fautes d'impression, on lit dans le P. Anselme que le mariage d'Hippolyte de Gondy avec Léonor de la Madelaine, marquis de Ragny, eut lieu en janvier 1607.

ce que vous en croyez et en quel état vous êtes à présent. On m'a dit qu'il ne se peut rien voir de plus joli que notre petit fils. C'est chose que je crois aisément, car de ce que j'en ai vu, c'est sans cajolerie que je le dis, mes yeux n'ont jamais rien vu qui lui ressemble.

A ce que je vois, vous vous donnez bien du bon temps. Je savois bien que vous trouveriez Mme de Montpensier bien à votre gré quand vous l'auriez un peu pratiquée (1). Pour moi, je suis sa servante fort passionnée, et l'aime de tout mon cœur. J'attends avec l'impatience que vous pouvez imaginer ce qui arrivera du siége d'Ostende. J'en conçois cependant toute bonne espérance, car ceux du dedans ont fort bon courage. Il ne leur manque rien de tout ce qui est nécessaire à une place assiégée. Vos frères sont en Zélande, pour apporter à leur secours tout ce qui se pourra (2).

Il faut (3) que je réponde à ce que vous dites avoir appris que

---

(1) Le billet suivant prouve l'intimité de leurs relations. Son premier paragraphe est de la main de M. de Montpensier, et le deuxième de celle de M. de la Trémoille :

« Madame ma chère cousine, mon papier est si beau et si honnête que vous ne me sauriez refuser la requête qu'il vous porte : qui est de faire l'honneur à votre cousine de lui aider à faire l'honneur de chez nous, qui est chez vous aussi, car vous y avez la même puissance. C'est pour recevoir ces deux grandes filles de qui je vous parlois hier, qui y seront ce soir; et cependant nous chasserons Monsr votre mari et moi, qui suis en tout votre serviteur. Il n'est pas besoin de dire que nous savions qu'elles dûssent arriver; plutòt, s'il vous plaît, que vous ignoriez même qu'elles dûssent venir. Il vous est ordonné, mais je dis par arrêt donné en la chambre de Fleur de Lys, que vous serez vêtue tout ainsi qu'hier. »

« Vous voyez le commandement qu'on vous fait. Je ne vous verrai que demain. Nous allons à la chasse, et vous aurez ces deux longues filles sur les bras. Dieu vous fortifie pour les bien soutenir. »

Quel est le nom des deux visiteuses?

(2) La place fut prise par les Espagnols le 19 septembre 1604, après un siége de trois ans et trois mois.
(3) Dans cette lettre et les deux suivantes, Louise de Colligny répond, avec autant d'éloquence que de dignité, à des griefs exprimés par Madame de la Trémoille, mais dont le véritable auteur est le duc de Bouillon. Avec son habileté ordinaire, et en abusant de l'autorité qu'il exerçait dans la maison de son beau-frère comme chez lui, il s'appliquait à détruire la sage influence de la princesse d'Orange sur ses deux belles-filles. Jeunes, élevées dans les principes d'une piété et d'une moralité sévères, ignorant la vie des cours, elles furent trop facilement trompées par les apparences. Madame de la Trémoille était d'ailleurs

je ne suis pas en cette cour comme je le devrois, et que vous craignez que cela soit un jour préjudiciable à vos frères. Je vous prie de croire que je ne suis point si mal avisée que je fasse chose qui le leur puisse être, ni à aucune de la maison. Je crois que ce que vous voulez dire c'est pour les rangs. Or de cela on ne peut dire qu'il se soit fait nulle cérémonie où il s'en soit tenu. De tenir antichambre, qui est là où on en souloit tenir, c'est chose qui est fort rare ; et quand il y en a eu, j'y ai mon siége, et sommes toutes assises autour de la Reine sans aucun rang ; et tous les jours j'ai mon siége en la chambre de la Reine et s'y assied-on comme on se trouve. Pour passer aux portes, on passe aussi comme cela. La vérité est que Mlle de Guise, au passage des portes, du commencement, le vouloit toujours prendre. J'ai évité cela, et trouvois invention ou de ne m'y trouver point ou d'en faire passer d'autres devant moi auxquelles on sait bien que je ne cède point, ou de passer par d'autres portes. Enfin, sachant bien que le Roi ne vouloit donner l'avantage ni à l'une ni à l'autre, et trouvoit bon que nous marchassions comme nous nous trouverions, tantôt l'une, tantôt l'autre, voilà comme nous avons vécu depuis sans cependant en parler. Quand c'est à des festins où

jalouse de la marquise de Verneuil, la croyant presque aussi amoureuse de son mari que Gabrielle d'Estrées l'avait été du duc de Bellegarde. Si les deux sœurs regrettaient que le désir de préparer une haute position en France à Henri de Nassau rendît leur belle-mère trop indulgente à l'égard des faiblesses de Henri IV, cette condescendance, elles n'auraient pas dû l'oublier, avait déjà eu, entre autres résultats, des démarches actives — et impuissantes malheureusement — pour la délivrance de la veuve de l'amiral Colligny, et la radiation solennelle de l'Arrêt rendu contre la mémoire de ce dernier et contre sa famille.

Au sujet des *rangs à la cour*, la justification de la princesse d'Orange se trouve dans une lettre de Madame de Bouillon à sa sœur, du 28 juillet 1608 : « Vous me rendez compte de votre voyage de Fontainebleau. Je me réjouis de la bonne chère de la Reine, mais je murmure de l'insolence de la dame qui passa devant vous, à qui je dis que c'est une mort de vivre en ces incertitudes et disputes... Je vois bien en cela que vous êtes ma sœur, car vous avez eu ma timidité... Nous sommes en un temps où la patience est bien nécessaire. »

L'heureux naturel de M. et de Madame de la Trémoille ne les laissa pas insensibles aux arguments et à l'indulgence de la princesse d'Orange. — Il ne restait plus trace de leurs discussions à la mort prématurée du duc, 25 octobre 1604, qui donna une triste occasion à la belle-mère d'augmenter son dévouement et son amitié, et à la jeune veuve de témoigner son affection et son respect.

nous mangeons à la table du Roi, je suis toujours du côté de Leurs Majestés, auprès de Mmes de Nemours (4) ou de Guise (5) et Mlle de Guise de l'autre côté.

Somme, vous devez croire qu'il ne fut jamais moins tenu de rangs; et quand s'en tiendra, croyez que je ne m'y trouverai point, si je ne reconnois y pouvoir tenir celui que je dois. Je n'ai garde d'en faire de grands cancans, car ce seroit bien cela qui seroit préjudiciable, sachant bien qu'il y a ces quatre maisons (6) qui tiennent rang en France, qui sont si proches au Roi qu'il ne donnera jamais d'arrêt à leur désavantage. Voilà pourquoi j'aime bien mieux n'en faire point parler, et éviter de me trouver aux lieux où je prévoirai que j'en pourrois avoir dispute; car je ne veux pas faire comme firent dernièrement les comtesses de Saint-Paul et Mme d'Elbeuf, qui eurent des paroles bien grosses en la chambre de la Reine. M. de Montpensier vous l'aura pu conter. [Pour] le temps que j'ai à demeurer en cette cour, qui ne sera pas long, je crois que je ne puis mieux faire que de n'y demander point de rang, puisque je suis en doute d'obtenir celui que j'y devrois avoir; et me mettrois au hasard d'avoir un arrêt qui me seroit désagréable, là où et moi et tous ceux de la maison sommes toujours sur nos pieds pour le demander. Cependant, croyez que je me garderai bien de céder en chose qui soit préjudiciable à la maison où j'ai eu l'honneur d'être mariée. Cela seroit sujet à d'autres discours qui ne se peuvent représenter par lettres.

Je vous baise les mains, chère fille, et suis toute à votre service.

A Paris, ce 27 d'août.

21. — *De Paris, septembre* 1601.

Votre dernière lettre, chère fille, me fait plus que jamais reconnoître votre bon naturel, voyant combien vous prenez à

---

(4) Anne d'Este, petite-fille de Louis XII, et veuve 1° de François de Lorraine, duc de Guise; 2° de Jacques de Savoie.

(5) Catherine de Clèves, veuve de Henri de Lorraine, duc de Guise, le Balafré.

(6) Longueville, Lorraine, Montpensier et Nemours?

cœur tout ce qui me touche. Vous dites que vous n'êtes pas contente des bruits que l'on fait courir de ma faveur par le moyen de la marquise de Verneuil. Je ne sais où on prend cette faveur, car si vous étiez ici vous verriez que je suis toujours d'une même façon. A la vérité le Roi et la Reine me font l'honneur de me faire fort bonne chère, et n'y a pas apparence, pour le moins d'un des côtés, que la marquise en soit cause. De dire que je la maintiens en son crédit sont deux choses qui ne s'accordent point, car il faudroit donc que j'eusse plus de crédit qu'elle, et par conséquent ma faveur ne dépendroit pas de la sienne, mais la sienne de la mienne. La remarque que l'on a faite que nous étions à Saint-Germain logées tout proche l'une de l'autre est fort véritable; mais on ne dit pas que Mme de Guise et Mme de Guercheville, elle et moi avions nos chambres toutes d'un même rang, comme en un cloître; et que s'il est arrivé que la mienne ait été la plus près de la sienne, il s'en faut prendre aux maréchaux des logis et non à moi, qui ne dispose pas de mon logis aux maisons du Roi. Je m'assure que l'on vous aura bien dit aussi que nous mangions souvent ensemble; mais on ne vous aura pas dit que Mmes de Guise et de Retz en faisoient de même. On ne vous aura pas dit aussi que je n'ai pas voulu loger au Louvre, parce que la chambre que l'on m'y donnoit étoit près de la sienne; aussi n'ai-je pas pris cette excuse-là pour n'y point loger.

De dire que je vois plus souvent ladite marquise que la Reine; ah! pour celui-là il n'y a point d'apparence, et faut bien que cette invention provienne de quelque personne qui me veuille mal et qui veuille bien épargner la vérité; car chacun sait et chacun voit que je ne bouge de la chambre de la Reine. Que je n'avoue avoir beaucoup d'obligation à la marquise, je serois ingrate si je disois autrement; mais je ne suis pas si sotte que cela me fasse faire chose qui soit contre ce que je dois. Mes actions ont prou montré jusques ici ce que je suis; et ceux qui voudront médire de moi, cela retournera plus à leur blâme qu'au mien, car je n'en donnerai jamais sujet, s'il plaît à Dieu, aux gens de bien; pour les autres, [ce] me sera louange.

Continuez donc à tenir mon parti, ma fille; et pour cela, quand vous en ouïrez parler, et pour mon rang de quoi on vous parle tant. Pardonnez-moi si je vous dis que vous avez tort de demeurer sans réplique, comme vous dites que vous faites; et demandez, s'il vous plaît, à ces personnes qui en parlent tant où c'est qu'ils ont vu que l'on ait tenu rang, et s'ils vous le peuvent remarquer, je leur pardonne. Mais que dirai-je de vous, ma fille, qui me condamnez tout platement, me disant qu'il est tout certain que je fais tort à votre maison et à vos frères. Certes, ce mot m'a pénétrée jusques au cœur, je le vous avoue. Je vous ai répondu sur cet article par mon autre lettre, et vous dis encore que je ne suis point si sotte que d'avoir fait nulle action qui leur puisse jamais être préjudiciable, ni ne ferai, Dieu aidant; et croyez, ma fille, que l'honneur de votre maison m'est trop cher, et qu'il ne me pourra jamais être reproché avec raison que j'y aie fait brèche; et m'assure que quand vous seriez ici que vous jugeriez vous-même que je ne puis ni ne dois m'y gouverner autrement que je fais, et pour cela et pour toute autre chose. Ma fille, je me souviendrai toujours fort bien de qui j'ai eu l'honneur d'avoir été femme et fille. C'est chose dont je chéris trop la mémoire pour l'éloigner jamais de la mienne.

Or brisons ce discours pour vous dire que j'ai eu l'honneur de voir votre cousin (1), qui m'a mise en peine de ce qu'il m'a dit que l'accident qui vous étoit arrivé à Champigny vous est encore revenu depuis. Je vous supplie que je sache comment vous vous en serez portée. Depuis il m'a dit mille biens de mon petit-fils, et qu'il n'a jamais rien vu de si joli. Je supplie M. de la Trémoille de m'excuser si je ne lui écris. Je me trouve si mal d'un rhume que j'ai depuis trois jours que je n'en vois goutte. Je lui envoie une lettre écrite d'Ostende, par laquelle il en apprendra plus de nouvelles que je ne lui en saurois mander. Je m'en vais demain à Fontainebleau, pour être aux couches de la Reine, qui n'attend plus que l'heure, étant bien avancée dans son neuvième mois. Bonsoir donc, ma fille, je vous baise [les mains] et à votre cher mari et notre petit mignon.

(1) Le duc de Montpensier.

22. — *De Paris*, 25 *juillet* 1602.

Vous dites, ma chère fille, que vous avez trouvé fort courtes les lettres que je vous écrivis par le S^r d'Availles (1). Ne l'attribuez à autre chose qu'à la presse qu'il me faisoit d'écrire, pensant partir d'heure à autre; et cependant le commandement du Roi l'arrêta encore quelques jours après avoir reçu mes lettres. Pour le partement de mon neveu de Chatillon (2), il fut si soudain que je ne le voulus en façon du monde arrêter pour écrire ni à vous ni à Mme de la Boulaye (3), car il avoit un trop juste sujet pour s'en aller en grande diligence, et me promit d'en faire mes excuses à toute la compagnie. S'il y a manqué, il a manqué à sa parole.

Ne croyez donc point, chère fille, que vous trouviez jamais nul changement en moi. L'amitié parfaite que je vous porte a ses fondements si solides et si fermes que vous ne devez jamais craindre qu'il y ait aucune diminution, car quand même j'en reconnoîtrois en la vôtre, ce que je n'attends pas de votre bon naturel, je ne laisserois pas d'être telle pour vous que j'ai toujours été; car je ne manque jamais à mes devoirs et à mes amitiés, et vous avouerai que j'ai combattu, en ce dernier voyage que je vous ai vue, contre des personnes qui me vouloient faire juger, par vos actions et [celles] de Mme de Bouillon, que toutes deux vous ne me rendiez pas le témoignage d'amitié que vous aviez accoutumé. Je vous jure que ce m'a été un déplaisir bien sensible de ce que la plupart de la cour, tant hommes que femmes, faisoient ce jugement que j'ai toujours rabattu, et aligné des raisons pour faire juger le contraire. Peut-être vous sera-t-il témoigné quelque jour par ceux même qui m'en parloient; et lors vous connoîtrez qu'il n'est jamais rien entré en mon esprit qui m'ait pu faire [croire] que vous eussiez diminué ni de l'amitié ni de l'estime que j'ai toujours

(1) Jacques Eschallard, seigneur d'Availles-Châtillon.
(2) Gaspard, fils de l'aîné des frères de la princésse d'Orange.
(3) Marie du Fou, veuve en premières noces de René de Talensac, seigneur de Loudrière, et en secondes noces de Charles Eschallard, seigneur de la Boulaye; gouverneur de Fontenay-le-Comte.

reconnu que vous aviez pour moi. Et certes, ma fille, si cela étoit, aussi me feriez-vous extrême tort; mais brisons là, il ne faut pas seulement y penser.

Impossible de me pouvoir rendre à la bienvenue de ma nièce (4). J'en écris à Mme de La Boulaye et lui en fais mes excuses, car elle me faisoit la faveur de me mander qu'elle m'y désiroit, ce que n'a pas fait Mme de Chastillon, ni du mariage ni de la bienvenue. Je dis auparavant ma maladie, car encore que peut-être elle dira qu'elle savoit bien que je n'y pouvois pas être, je dirai que pour cela elle ne devoit pas laisser de m'en prier. Etant ce que je suis à sa fille, la civilité la convioit à me rendre ce devoir.

Je ne vous parle point de ce qui se passe ici, car vous en êtes avertie par personnes qui en savent plus de nouvelles que moi, qui m'enquête seulement de celles de vos frères, dont je suis en telle peine que je ne pense et ne m'enquiers d'autre chose; et le désir d'en aller apprendre à Saint-Germain, où on me vient de dire que le Roi en a reçu, me fait finir tout court, en vous assurant, ma chère fille, que rien au monde ne vous peut davantage aimer, estimer, chérir et honorer que fait votre maman, qui vous baise cent mille fois les mains, et à mon petit cœur et mes petites mignonnes. Dieu veuille les bénir.

A Paris, ce 25 de juillet.

23. — *De Paris*, 20 *janvier* 1603.

Ma chère fille, avec les yeux tout pleins de rhume, la tête pleine de douleurs, et tout le corps, de cette fâcheuse coqueluche qui court, je vous fais ce mot pour vous dire que je me réjouis extrêmement de ce que votre douleur de jambe commence à se diminuer. J'espère que le beau temps vous achèvera du tout de guérir. Au reste, je vous dirai que j'ai marié

---

(4) Françoise de Colligny, sœur de Gaspard, venait d'épouser René de Talensac, seigneur de Loudrière, fils du premier mariage de Madame de la Boulaye.

Vilars, et qu'elle est extrêmement contente. Elle s'en va demain, et M. de Waufin (1) l'emmène à son ménage. J'espère qu'elle se gouvernera si sagement qu'elle fera mentir tous ceux qui ont médit d'elle ; et à la vérité elle a eu du malheur, car il n'y a eu autre mal en elle que de la vanité. Vous connoissez son humeur : ça été la même chose que vous avez vue. Je dis la même, car ça été ce que vous avez vu en Hollande, et n'y avoit point moyen d'arrêter cette humeur qu'en la mariant ; mais certes, à cette heure, elle est bien résolue de vivre tout d'une autre façon, et je crois qu'elle sera fort heureuse. Et moi bien malheureuse de ce qu'il faudra que je m'en aille sans vous voir, car je voudrois qu'il m'eût coûté de mon sang et avoir eu un jour à vous entretenir ; mais je ne l'espère plus, car je n'attends que le retour de votre frère en Hollande et un peu de plus beau temps pour passer la mer. Je ne vous dis pas encore adieu, car je vous écrirai encore. Je vous baise les mains.

Le 20 janvier.

24. — *De La Haye, vers le 5 mars* 1603.

Ma chère fille, ma mignonne, j'ai reçu depuis trois jours votre lettre du 28 de janvier, qui est la seule que j'ai eu de depuis être partie de France. Je vous ai écrit deux fois depuis être arrivée en votre bon pays, et adressé mes lettres à monsieur votre bon mari. Celle-ci est par un de vos bourgeois de l'Ile-Bouchard (1), qui m'a été adressé lorsque je voulois vous dépêcher un laquais, et à Mme de Bouillon. Cette occasion sera cause que j'enverrai mon laquais droit à Bordeaux et de là à Turenne ; mais au retour je lui commanderai de passer à Thouars, pour me rapporter des nouvelles de tous mes chers enfants. Que je plains cette pauvre femme (2) ! Mon Dieu, que

(1) Gédéon de Waufin, gentilhomme hollandais, qui fut depuis gouverneur de Château-Renard.

(1) En Touraine, chef-lieu d'une belle baronnie appartenant à la maison de la Trémoille.

(2) La duchesse de Bouillon, dont le mari, accusé de conspiration contre Henri IV, venait de sortir de France.

ne voudrois-je point apporter de ce qui seroit en ma puissance
pour son soulagement, car je connois ses appréhensions que
je crois qui ne sont pas petites, et certes ce n'est pas sans
sujet. M. de La Trémoille m'a mandé que vous la deviez
aller voir; M. de Bouillon me l'a mandé aussi. Je m'assure
que ce lui sera une souveraine consolation que votre présence.
Vous croyez bien que ces affaires-là me donnent bien de la
peine. J'en ai eu beaucoup lorsque j'étois sur les lieux où j'en
savois plus de nouvelles qu'ici; à cette heure que j'en sais
moins, cela redouble ma peine. Le meilleur remède est le temps,
là patience et l'humilité de M. de Bouillon. Mon opinion et
celle de tous ceux de deçà est telle, et que s'il en recherche
d'autres, il ruinera plus ses affaires qu'il ne les avancera.

Je vous envoie à ce coup des lettres de vos frères. Certes
il ne se peut rien voir de plus paresseux à écrire qu'ils sont,
et demeurent toujours en ces belles maximes : qu'il n'y a rien
au monde de plus inutile ; que vous savez bien qu'ils vous
aiment et qu'ils sont à votre service ; que c'est tout ce que
vous peuvent représenter leurs lettres. Ils me font mourir
quand ils se mettent sur ces opiniâtretés-là, que vous connoissez, car il n'y a raison qui les puisse vaincre. Et notez que
monsieur mon fils est un vrai singe de son frère, car il a si bien
composé ses humeurs selon les siennes, que c'est une même
chose. Nous vous souhaitons bien souvent ici, ou nous trois
sautés auprès de vous. Vous êtes fort aimée en votre bon
pays, et se plaît-on extrêmement à ouïr dire combien vous êtes
heureuse en mariage.

M. de Barneveldt (3) a marié ces jours passés sa jeune fille
au Sr Vandermyle (4), que vous avez vu étudiant à Leyde (5),
qui est un fort honnête jeune homme. Nous y avons été, trois
jours durant, tous les soirs en festin. Cela s'appelle cinq heures
à table, et puis le bal où votre aîné (6) triompha de danser

(3) Jean d'Olden Barneveldt, grand-pensionnaire de Hollande. Jamais
homme, dit Aubéry du Maurier (*Mémoires de Hollande*), ne fut si sage
ni si vertueux.
(4) Corneille Vander Myle, qui fut ambassadeur des Pays-Bas à Ve-
nise, puis en France, et curateur de l'université de Leyde.
(5) Où elle avait séjourné avec la princesse d'Orange, lorsque *le petit
frère* suivait aussi les cours de l'université.
(6) Maurice de Nassau, dont l'ingratitude et l'ambition firent périr

toutes sortes de danses, pour me montrer qu'il n'a rien oublié ; mais mon fils ne danse plus rien que des allemandes. Vous n'avez jamais rien vu tant sur la gravité : je pense qu'il a appris cela en la Germanie.

Votre aîné se tient toujours à ses amours accoutumées et ne change point. Sa dame a acheté ici une jolie maison où elle est, à ce que l'on dit, fort proprement accommodée, fort bien en point. Elle se tient là avec ses deux petits enfants, que l'on dit être fort beaux. Elle ne va en nulle compagnie ; et encore que cela soit su de tout le monde, qui veut faire plaisir à votre fille (7), faut ignorer et ne lui en parler point. Pour moi je ne lui en ai pas encore ouvert la bouche.

J'ai fort essayé de faire la paix de votre sœur (8) avec lui. « Je m'assure fort ne lui vouloir aucun mal, mais de la voir « cela ne serviroit de rien, ce dit-il, et beaucoup moins son « mari. » Ils se tiennent toujours à Delft (9), et me viennent quelquefois voir, et leurs deux petits enfants, qui sont bien jolis. Ils ont perdu leur dernière petite fille, que la nourrice étouffa au berceau. Votre sœur est encore prête d'accoucher.

La comtesse de Solms (10) ne bouge de son logis, presque toujours malade, de façon que ma solitude n'est guère interrompue par les dames qui sont ici. Je fais faire force ouvrages et ne me vais guère promener, de façon que mon cabinet, que vous connoissez, et moi nous tenons bonne compagnie. Je crains que vos frères ne me la tiendront plus guère, car l'ennemi a pris par surprise, depuis quatre jours, le château de Wactendon, en Gueldre. La ville tient contre, et [je] crois qu'ils iront pour la secourir et reprendre ledit château, de façon que me voici au commencement de mes appréhensions. Je vous fais faire des portraits, mais je vous supplie aussi que j'aie le

Barneveldt sur l'échafaud, le 13 mai 1619. Il mourut célibataire, mais eut plusieurs fils de *la dame de Mechelen* (V. Moréri, VII, 934).

(7) Probablement une filleule de Madame de la Trémoille, car sa fille n'alla en Hollande qu'en 1608.

(8) La princesse de Portugal.

(9) Ville de Hollande, où Guillaume le Taciturne était mort assassiné, le 10 juillet 1584.

(10) Elisabeth de Nassau-Dillembourg, veuve de Conrad de Solms, morte le 8 novembre 1603. Ce fut avec leur petite-fille, Amélie, que le fils de la princesse d'Orange se maria, en 1625.

vôtre et celui de M. de la Trémoïlle. Celui de mon petit mignon tient le plus beau lieu de mon cabinet, et vous, ma
mignonne, la plus belle place en mon âme.

Encore faut-il que je vous dise un mot du comte d'Egmont (11). Il est plus fou qu'il ne fut jamais. Il s'est proposé
un voyage aux Indes, là où il dit qu'il sera reçu roi, a fait
déjà toutes les lois de son royaume, donné toutes les charges
et offices. Il ne lui manque qu'une femme. Sans vanité, si j'y
voulois entendre, je crois bien que je serois la première refusante
ce beau royaume imaginaire. Je lui ai proposé Mlle de Guise.
Il m'a priée d'en faire sonder sa volonté, à quoi je me suis
obligée; mais il aimeroit encore mieux la petite Anne de
Rohan (12). Je lui ai promis d'en écrire aussi, car il veut avoir
plusieurs cordes en son arc. Il y a de la pitié en cet homme.

En voilà assez pour une fois. Il faut finir avec mon papier.

25. — *De La Haye*, 15 *mars* 1603.

Ma chère fille, je vous ai écrit fort amplement depuis peu
de jours par un homme de l'Ile-Bouchard, qui s'y en retournoit, étant venu ici pour chercher quelque soldat, qu'il a
trouvé mort. Il me promit vous porter incontinent mes lettres
à Thouars, mais on me mande de Paris que vous êtes auprès de
Mme de Bouillon; et estimant que vous y pourriez être encore
lorsque ce laquais y arrivera, j'ai mis cette lettre au hasard,
qui vous apprendra que, Dieu merci, je suis hors de l'appréhension en laquelle j'étois lors de mon autre lettre, car vos
frères ne vont point à Wactendon, ayant eu nouvelles hier,
comme ils vouloient partir, que la ville a repris le château,
dont je suis extrêmement aise, car ce petit voyage-là me donnoit bien de l'appréhension. J'envoie, ma fille, ce porteur exprès
pour me rapporter des nouvelles de Mme de Bouillon. Je la

(11) Lamoral II, fils de Lamoral Ier, comte d'Egmont, que le duc
d'Albe avait fait décapiter en 1568.
(12) La plus jeune des filles de Catherine de Parthenay, que Louise
de Colligny désirait ardemment faire épouser à son fils, comme on le
verra plus loin.

crois à cette heure accouchée, et ne doute point que ce ne lui ait été infini contentement de vous avoir près d'elle, et à vous de lui pouvoir apporter quelque soulagement en toutes ses peines, que je crois n'être pas petites.

Hélas ! voilà qu'en écrivant ceci j'apprends la mort de la pauvre Mme de Retz (1), qui me fait tomber la plume de la main, car certes j'en ai un si extrême regret que mon cœur en est plus qu'outré de douleur, car je l'aimois plus qu'une sœur, et je sais que j'étois aimée et chérie d'elle tout ce qui se peut aimer et chérir au monde. Permettez-moi que je finisse pour donner lieu à ma douleur, et me croyez toute à votre service.

A La Haye, ce 15 mars.

26. — De La Haye, fin d'avril 1603.

Ma chère fille, j'eus hier le bonheur de recevoir une de vos lettres, du 2 de ce mois, par lesquelles j'appris plus particulièrement que je ne le savois les tristes nouvelles de l'affliction nouvellement survenue à la pauvre Mme de Bouillon. Je la savois un jour auparavant, par des lettres de Mme l'Electrice (1) et de votre sœur d'Orange. Mon Dieu que je plains cette pauvre créature, car il semble que toutes sortes de maux la poursuivent. Ça été un grand heur que vous avez été auprès d'elle en cette affliction, car je m'assure que vous aurez été cause qu'elle l'aura bien plus doucement supportée qu'elle n'eût fait étant seule. On me mande que M. de Bouillon l'a passé avec une constance admirable, bien que l'on voie qu'il en a très-vif ressentiment. Certes Dieu l'exerce en beaucoup de façons. Veuille sa divine bonté lui donner les consolations nécessaires.

---

(1) Le P. Anselme s'est trompé en datant sa mort de l'année 1604. Dans le Dictionnaire de Moréri, on l'a corrigé en imprimant 1603.

(1) Louise-Julienne de Nassau, l'aînée des sœurs germaines de Madame de la Trémoille, mariée, en 1593, avec Frédéric IV, électeur-palatin, et qui avait emmené avec elle sa plus jeune sœur Amélie, qu'on appelait Mademoiselle d'Orange. Les autres filles de Charlotte de Bourbon-Montpensier étaient, outre Mesdames de Bouillon et de la Trémoille : Catherine-Belgie, mariée au comte de Hanau, et Flandrine, religieuse à Sainte-Croix de Poitiers.

Nous avons ici deux conseillers de M. [l'Electeur] et de Mme l'Electrice, envoyés pour aviser aux affaires qu'elle et toutes mesdames ses sœurs — dont je crois que vous avez quelque pouvoir sur une — ont avec la maison mortuaire de feu monsieur votre père. Demain ils doivent faire leurs propositions au conseil de votre aîné. Aujourd'hui je les ai traités, où mon fils leur a fait paroître qu'il n'avoit pas mal profité en Allemagne. Je crois qu'il sera à cette heure l'ambassadeur ordinaire de l'Etat, car il est prêt à partir pour une très-belle légation, dont Messieurs les Etats l'ont choisi pour chef. C'est pour aller trouver le nouveau roi d'Angleterre (2). Cette charge lui eût été fort agréable en hiver; mais à cette heure il a bien fallu capituler pour l'y faire résoudre, parce qu'il craint que son frère ne se mette en campagne en son absence ; mais on lui a promis qu'en ce cas il laissera l'ambassade, quand elle ne seroit pas achevée, pour le venir trouver.

M. [le comte] et Mme la comtesse de Hohenlohe sont à Delft. Ils me vinrent voir hier. Votre sœur est si engraissée qu'elle est toute ronde. Elle a avec elle la petite fille de la femme de votre cousin le comte Louis (3), qui est une petite fille de six ans, bien jolie. Votre dit cousin fait bien de l'homme marié : il est si sage à cette heure que c'est tout un autre homme que vous n'avez vu. Le petit comte Ernest est toujours lui-même. Les conseillers de M. l'Electeur m'ont dit que l'on parle d'un mariage pour votre sœur d'un prince polonois, dont ils disent beaucoup de bien. Il est allé en France et doit repasser par ici. Mme l'Electrice me le recommande fort. Quand je l'aurai vu, je vous en manderai ce qu'il m'en semble.

Voilà tout ce que je vous puis dire, pour cette heure, de tous les vôtres de deçà. J'attends un laquais que j'ai envoyé il y a plus d'un mois pour avoir des nouvelles de Mme de Bouillon. Je ferai, s'il est possible, que votre aîné l'enverra visiter sur cette nouvelle affliction (4). Il a envoyé depuis peu de jours vers M. de Bouillon. C'est Goost qui a eu cette com-

(2) Jacques Ier, qui avait succédé à la reine Elisabeth le 3 avril précédent. L'ambassade des Pays-Bas arriva à Londres vers le 1er juin.
(3) Louis II de Nassau-Sarbruck, marié avec Anne-Marie de Hesse.
(4) La mort de l'enfant dont elle venait d'accoucher.

mission, ne s'en étant point trouvé de plus propre que lui. Les affaires d'Ostende sont empirées depuis peu de jours, par la surprise qu'a faite l'ennemi de quelques forts qui étoient dehors. Le porteur vous en dira plus de particularités, et mon bon et cher enfant m'excusera si je ne lui écris point, car certes j'ai fait cette lettre avec mille peines, pour un mal de tête extrême que j'ai depuis quelques jours, à quoi tous les remèdes que j'y apporte ne m'ont encore apporté guère de soulagement. Hier on me tira plus d'une livre de sang, et si je ne m'en trouve pas mieux et ai avec cela une douleur au jarret qui me fait extrêmement appréhender de devenir boiteuse ; seroit bien pour ressembler du tout à Marquet (5). Dites [à] votre bon et cher qu'il se garde bien de penser que ce soit le mois de mars qui m'apporte ces incommodités. Je m'assure qu'il aura bien regretté aussi Mme de Retz. Je viens de recevoir force lettres de Paris, par lesquelles on me mande que depuis cette mort tout y est si triste qu'il semble qu'il n'y ait plus de bonne compagnie. On me [donne] tout plein d'autres petites nouvelles, de quoi je l'entretiendrois si ma mauvaise tête ne me contraignoit de finir, en baisant en imagination et le père et la mère et tous les enfants ; mais particulièrement le mignon des mignons.

Il faut, ma fille, que vous me donniez une de vos filles (6).

27. — *De La Haye, fin de* 1603 *ou commencement de* 1604.

Ma fille (1), j'ai été priée par Mme de Lisconel, qui est une fort honnête femme et de bon lieu, et qui honore extrêmement M. de la Trémoille, de vous faire une requête pour elle, qui est qu'elle vous supplie d'accorder à un petit-fils qu'elle a la place de premier page de M. le prince de Talmont (2). Je vous

(5) Général hollandais qui s'était distingué à la défense d'Ostende.
(6) Charlotte, qui avait eu pour marraine sa tante paternelle, la princesse de Condé ; et Elisabeth, tenue au baptême par sa tante maternelle, la duchesse de Bouillon. Celle-ci, qui était née infirme, mourut à la fin de novembre 1604, un mois environ après son père.
(1) Ce billet doit avoir été ajouté à une lettre non retrouvée.
(2) En Bas-Poitou. Donné, depuis la fin du XVe siècle, aux aînés de la maison de la Trémoille, ce titre fut bientôt remplacé par celui de prince de Tarente. Le puîné, Frédéric, fut, en 1605, appelé comte de Laval.

en supplie, ma fille, de tout mon cœur, et m'assure que vous ne vous repentirez point d'avoir obligé une si honnête femme. Faites m'en réponse, s'il vous plaît, afin qu'elle voie que je me suis souvenue de la prière qu'elle m'en a faite.

28. — *De Paris*, 31 *décembre* 1605.

Ma chère fille, si je puis recevoir consolation en l'extrême perte que je fais, avec ma maison, en la personne de feu mon pauvre neveu M. le comte de Laval (1), ce ne peut être que de voir tomber cette illustre maison, dont je suis sortie par ma mère, ès mains d'une autre que je tiens pour mienne et à laquelle je suis si étroitement liée, et de parenté et d'amitié et de toutes sortes de devoirs, que je ne pense avoir fait perte qu'en la personne. Il est besoin que vous donniez ordre de bonne heure à recueillir cette belle et grande succession ; et crois que la première chose que vous devez faire c'est d'écrire au Roi, pour le supplier de vous commander comment il plaît à Sa Majesté que vous vous gouverniez en cette affaire. Il y a ici M. de Montmartin (2) qui a toujours été très-affectionné à la maison de Laval, et qui en entend fort bien les affaires pour en être un des principaux vassaux. Il m'a promis, si le Roi le trouve bon, de vous aller trouver dans peu de jours et vous faire entendre infinies choses dont il est besoin que vous soyez instruite. Je vous réponds de son affection, fidélité et dextérité pour vous bien servir. Feu mon cousin de Laval, père du dernier mort, lui avoit donné la capitainerie de Vitré, dont il a joui par longues années ; depuis Mme de Fervaques (3) [la] lui a ôtée sans aucune récompense. Son désir seroit qu'il vous

(1) Guy de Colligny, petit-fils de François d'Andelot, oncle de la princesse d'Orange, venait de mourir célibataire. Il était comte de Laval du chef de son aïeule Catherine (fille aînée de Guy XVI). La puînée, Anne de Laval, avait épousé le bisaïeul des mineurs de la Trémoille. Pour le partage de cette succession, voir l'édition française de l'*Histoire générale* du président de Thou (Londres, 1734), vol. XIV, p. 414 et suiv.

(2) Jean Du Matz, seigneur de Terchant et de Montmartin, dont on a publié les Mémoires.

(3) Dont le cousin de la princesse d'Orange avait été le premier mari.

plût l'honorer de la même charge ; et je vous en supplie de tout mon cœur, sous l'assurance que j'ai que vous en serez fort fidèlement et fort bien servie. Je vous avois envoyé ces jours passés une lettre de Mme de Fervaques pour une petite affaire, mais vous en aurez bien à cette heure de plus grandes à démêler ensemble. Il faut bien vous évertuer à cette heure, afin que Dieu vous donne et santé et dextérité pour bien conduire le surcroît des grandes affaires qui vous viennent en cette grande succession. Or je prie Dieu, ma chère fille, qu'il vous ait en sa très-sainte garde.

A Paris, ce dernier jour de l'an.

Vous avez de belles étrennes pour le commencement d'année (4).

29. — *De Paris*, 2 *janvier* 1606.

Ma chère fille, puisque c'est le Sr de Bourron qui vous porte cette lettre, il vous rendra si bon compte de ce qui se passe ici qu'il n'est point besoin que j'en emplisse ce papier. Seulement je vous dirai que vous y êtes attendue en bonne dévotion et que je crois qu'il est besoin, pour vos affaires, que vous y soyez bientôt, car M. de Fervaques, à ce que l'on dit — car c'est celui que je ne vois point — se prépare bien au combat. Il est tous les jours avec ma belle-sœur, laquelle je vois aussi peu que de coutume. Mon frère et lui ont rompu, car c'étoit son intention, lorsqu'ils traitèrent ensemble, d'avoir de l'argent dans peu de temps, et celle de M. de Fervaques, tout au contraire, comme il l'a bien montré ; de façon que mon frère me vient de céder son droit, et en venons de passer un petit contrat que M. Robert a minuté.

Le Sr de Bourron vous dira l'avis que tous vos amis vous donnent pour le regard de vos enfants, les amenant ici, comme

(4) M. de Superville écrivait de La Rochelle, le 15 janvier 1606, à Scaliger, qui habitait Leyde : « Vous ne sauriez croire combien tout ce pays Réformé est aise de la grande succession qu'ont eu MM. de la Trémoille, par la mort de M. de Laval. »

je crois que vous les y devez amener y venant pour y demeurer longtemps, comme il ne se peut autrement; et me semble
que vous pouvez bien avoir ici votre fille sans la mener à la
cour qu'une fois, pour faire la révérence à la Reine, et cette
fois chacun lui fera tant de caresses qu'elle n'aura point loisir
de s'asseoir (1) : de façon que cela ne portera nul préjudice à
ce que vous pourrez obtenir en une autre saison qu'elle sera
plus grande. Car en ce petit âge où elle est, chacun juge que
vous ne devez pas vous attacher bien fort à demander une
chose que vous auriez grand'peine à obtenir si vous ne mon-
triez des preuves bien certaines que cela ait été, car on ne
s'arrêtera pas sur des ouï-dire; et de vous mettre au hasard
d'être refusée, c'est chose qu'il semble que vous ne devez pas
faire.

Je suis encore incertaine si votre frère viendra ou non, car
le vent a toujours été si contraire, depuis le passage de M. de
Buzanval, qu'il n'est rien venu depuis lui. Je vous envoie une
boîte de tablettes que Mme la Garde des Sceaux (2) m'a donnée pour vous envoyer. Elle dit que c'est son apothicaire qui
en a la recette, lequel elle ne m'a jamais voulu nommer, et
dit que toutes les fois que vous en voudrez avoir qu'elle vous
en enverra; mais j'ai dit au Sr de Bourron qu'il demande la
recette à M. de la Violette (3). Pour de cette étoffe pour une robe,
j'en ai vu plusieurs pièces, mais toutes si chères que je n'en ai
pas voulu prendre; aussi que l'on m'a dit que c'est à Tours où
elle se fait, et que Bourron passant par là en pourra voir et
vous dire le prix, et que de jour à autre [vous] vous en ferez
apporter. J'attends les gants que l'on m'a promis de faire pour
mon petit mignon; s'ils sont faits, le Sr de Bourron les portera.

Leurs Majestés sont à Saint-Germain. La Reine n'a avec
elle que Mmes les princesses de Condé et de Conti. Mme de Mont-

---

(1) Il s'agissait d'obtenir pour Charlotte le *tabouret* au cercle de la
reine, et il lui fut accordé, comme on le verra dans la lettre 32e.

(2) Claude Prudhomme, femme de Nicolas Brulart, marquis de
Sillery.

(3) L'un des médecins du roi. Son confrère Superville, dans une lettre écrite de La Rochelle, le 24 mai 1600, à Scaliger, en fait l'éloge suivant : « M. de la Violette, grand médecin en la nouvelle et vieille médecine, Gascon, fait merveilles. »

pensier avoit été mandée pour y aller, et moi commandée pour l'y accompagner, mais nous avons si bien fait jusqu'ici que nous sommes exemptées de cette petite corvée. Et je crois qu'aujourd'hui toute la cour va à Vigny, chez M. l'Amiral, et que de là tout reviendra ici ; qui sera un fort grand plaisir, car c'est une peine extrême d'aller à cette heure par les champs. Voilà Bourron qui vient demander mes lettres. Je finis donc en vous embrassant, et toute la petite troupe, de tout mon cœur, et vous conjurant d'aimer toujours votre maman.

A Paris, ce second jour de l'an.

30. — *De Paris*, 25 *décembre* 1606.

Chère fille, vous pouvez croire que j'ai reçu un extrême contentement de vous savoir heureusement arrivée chez vous (1), et que vous y avez trouvé toute votre petite famille en bonne santé. Je vous ai mandé notre retour en cette ville ; à cette heure je vous manderai comme Mons' votre frère (2) et

(1) La reproduction textuelle de la lettre suivante, écrite pendant l'absence de Madame de la Trémoille, prouvera que l'orthographe de la princesse d'Orange, quoique peu défectueuse, devait être rectifiée.

« A Monsieur, Monsieur de la Trimouille, duc de Touars.

« Mon beau petit fils, cependant que j'estois a Paris, j'avois ce contentement d'ouyr souvent de voz nouvelles, par le moyen de Madame de la Trimouille, ma fille. Lorsqu'elle en est partie pour aler boyre des eaux de Spa, je suis partie aussy pour m'en venir en Beauce, en une maison si sequestrée du monde que je n'en oy point parler qu'au pris que j'en envoye aprendre des nouvelles. Et desirant sçavoir des vostres, et de vostre frere et seur, je vous despesche ce laqués pour vous prier m'en faire part, et de celle que vous avés eue de Madame de la Trémouille et quant elle vous parle de son retour. Pour moy je ne feray plus guere de sejour icy ; mais et icy et partout ou je seray jamais, ce sera toujours avec resolution de vous fayre service de tout ce qui sera en ma puissance, et a mon autre petit-fils et fille. Mais conme a l'ayné je vous parle pour tous trois et vous embrasse tous trois en ymagination, vous priant de m'aymer comme estant vostre très affectionnée mere a vous fayre service.

« LOUYSE DE COLLIGNY.

« De Lyerville, ce 25 d'oust. »

(2) Philippe-Guillaume de Nassau, fils aîné du Taciturne, prisonnier du roi d'Espagne pendant près de trente ans, venait d'épouser à Fontainebleau, le 23 novembre, Eléonor de Bourbon-Condé, nièce de Ma-

madame sa femme en partirent vendredi, après dîner. Mme la
Princesse, M. le Prince, Mme de Fontaines et moi l'accompa-
gnâmes jusqu'au pont de Charenton. Ce fut des pleurs in-
croyables que ceux de M. le Prince et de madame sa sœur;
j'entends qu'elle en fut malade à la couchée. J'ai bonne opinion qu'elle n'est pas prête de revenir à Paris. M. de Buzanval
arriva hier soir, qui m'assure que votre cadet lui dit en partant qu'il seroit ici aussitôt que lui, de façon que je l'attends
au premier vent, si autre chose n'arrive qui le retienne; car je
ne serai point assurée qu'il vienne qu'il n'ait passé la mer. Je
vous en avertirai soudain qu'il sera ici.

Vous savez que M. le maréchal de Fervaques est en cette
ville. Je ne l'ai point vu, mais on m'a dit que Mme de Fervaques y doit venir quand elle saura que vous devrez vous y
rendre, et qu'elle est toute disposée à accorder, si vous voulez
y entendre.

Je vous ai déjà mandé la réponse que me fit le Roi sur l'affaire de votre fille, qui se rapporte à celle que vous fit la Reine :
de façon que c'est à vous à faire vos preuves, comme font les
chevaliers du Saint-Esprit, car si cela a été on ne vous le peut
refuser sans vous faire tort. Avisez donc toutes les preuves
que vous en pourrez faire paroître, et nous en avertissant nous
en ferons bien notre profit. Vous êtes aimée et honorée en cette
cour (3) et ne devez point douter que faisant paroître que ce
que vous demandez a été, que vous n'y soyez favorisée.

Je ne vous ai point encore envoyé de cette étoffe pour faire
une robe, parce que l'on n'en trouve point à si bon marché
que l'a euc la comtesse de Château-Vilain (4). Jeudi on m'en'

---

dame de la Trémoille, avec laquelle il partait pour prendre possession
de sa principauté d'Orange.
(3) En annonçant la mort du comte de Laval, M. de Loménie énu-
mérait au Roi les grosses sommes qui devaient lui revenir, pour les ra-
chats des terres du défunt. Henri IV l'interrompit en ces termes : « Non,
Loménie, je veux que Mme de la Trémoille ait ceux qui appartien-
nent à ses enfants. Cela lui aidera bien pour acquitter leurs dettes
(300,000 *écus*). car elle le saura bien ménager, et c'est une bonne
femme. Je voudrois bien que Mme de Bouillon lui ressemblât; elle dis-
poseroit mieux son mari à faire ce qu'il doit qu'elle ne fait. » Lettre de
G. de Bourron, 22 janvier 1605.
(4) N. d'Atri, très-noble et pauvre italienne, avait épousé le partisan
Ludovic Adjaceto, après qu'il eut acquis le comté de Château-Vilain.

doit encore faire apporter, de façon que j'espère qu'àprès ces fêtes, qui sera à cette heure-là, nous barguignerons tant que si nous ne l'avons à si bon marché il ne s'en faudra guère. Vous aurez aussi des gants pour notre petit mignon. Je vous prie, ma fille, de dire au Sr Chauveau que je désire savoir quelle réponse a faite celui à qui il a donné la déclaration de ma terre (5). J'ai la cervelle si troublée des propos que me vient de tenir M. de B. (6) sur les affaires de votre bon pays, que je n'en dormirai de la nuit; et faut que je finisse en vous baisant les mains.

A Paris, ce jour de Noël.

31. — *De Paris*, 29 *juillet* 1607.

Ma chère fille, j'étois en peine, pour n'avoir point appris de vos nouvelles depuis votre partement, lorsque j'ai reçu votre lettre, qui m'assure que vous êtes seulement harassée du chemin et que vous y trouvez force affaires, de quoi je ne doute nullement. Mme de Chatillon, fort soigneuse comme vous savez, n'a encore fait venir celui qu'elle vouloit envoyer à Laval; ce que voyant, Mme de Guémené (1) et M. de la Rochepot (2), auxquels j'ai fait entendre ce que vous m'avez mandé, m'ont promis qu'aujourd'hui les leurs partiroient et qu'ils seroient dans huit jours au plus tard à Laval; que cependant chacun se fie bien en vous de ce que vous ferez, car on sait bien que vous ne ferez rien que de bien. Voilà pour cet article.

Je n'ai pu me défendre du voyage de Monceaux, car vous savez que le Roi ne veut jamais dire adieu que le plus tard qu'il peut. J'irai donc sur la fin de cette semaine prendre congé de Leurs Majestés, et puis je n'ai plus rien qu'à attendre notre petite mignonne, et soudain qu'elle sera ici je par-

(5) Il s'agit de la description authentique du domaine de Lierville, que la princesse d'Orange voulait vendre. V. lettre 32.
(6) Probablement Beaumont.
(1) Madelaine de Rieux, femme de Pierre de Rohan, prince de Guéméné.
(2) Antoine de Silly. Ils étaient cohéritiers des enfants la Trémoille dans la succession de Laval.

tirai, s'il plaît à Dieu ; me semblant que ce sera plus de commodité de l'envoyer ici qu'à Calais, parce qu'il m'est impossible
de pouvoir dire précisément le jour que j'y serai; et qu'elle
attendît là, ce seroit mal à propos, aussi que peut-être n'a-t-elle
pas toutes ses petites commodités, et l'on l'accommoderoit ici
de ce qu'il lui faudroit et que vous ordonneriez. Elle ne verra
point la cour, car j'en aurai pris congé quand elle viendra.
Tout le monde veut me faire peur de lui faire passer la mer en
ce petit âge ; mais jespère, avec l'aide de Dieu, que cela ne
lui fera point de mal.

Hier nous eûmes nouvelles que le Roi d'Espagne a envoyé
la ratification de ce que l'archiduc a traité avec Messieurs les
Etats (3). Nous attendons à cette heure de savoir comment
Messieurs les Etats l'auront reçue et ce que cela produira.
Dans trois ou quatre jours nous en aurons des nouvelles, dont
je ne faudrai de vous avertir.

Il n'y a rien ici de nouveau depuis votre partement. Je ne
sais si je vous ai mandé que Mme la comtesse de Soissons ne
s'est point trouvée grosse et a été très-malade ; mais à cette
heure elle se porte bien, Dieu merci. Mlle de Randan n'est point
encore mariée, mais elle le sera dans peu de jours, car hier les
articles furent signés. C'est M. le Prince et les autres parents
qui font ce mariage, par le commandement du roi; vous pouvez penser ce que dit la pauvre mère (4). Encore que je soie
bien proche, si ne signerai-je point au contrat, car je suis toute
pour la mère. Dieu garde celles qui ont des filles de pareille
affliction, et vous donne, chère fille, toutes sortes de prospérités.

Je suis très-aise qu'il y en ait encore à Laval qui se sou-
viennent de moi (5); je vous assure que je m'y aimois bien et
que j'y ai bien passé mon temps, et à Vitré aussi. Dieu vous y
maintienne en santé. Je vous envoie la réponse de madame

(3) Une trève de huit mois.
(4) Isabelle de Larochefoucaud, veuve de son cousin le comte de Randan. Leur fille, Marie-Catherine de la Rochefoucaud, fut mariée, le
8 août 1607, avec Henri de Baufremont, marquis de Senecey.
(5) Sa mère, Charlotte de Laval, était la plus jeune fille du comte
Guy XVI. Ainsi Louise de Colligny était tante à la mode de Bretagne
du défunt duc de La Trémoille.

votre tante (6), que j'oubliai par mon autre dépêche. Pardonnez-le-moi, chère fille, et aimez toujours votre maman aussi parfaitement qu'elle vous aime. Je baise mille fois vos mains.

A Paris, ce 29 de juillet.

32. — *De Paris*, 23 *septembre* 1607.

Chère fille à moi, le Sr de Bourron vous aura pu témoigner que, par malheur, une grande lettre que je vous avois écrite fut donnée à un laquais de la marquise de Mirebeau avec celles que j'écrivois à sa maîtresse. Je vous y mandois tout le progrès de la petite cour que j'avois fait faire à notre petite mignonne, qui fut fort heureux et tel que vous l'eussiez pu souhaiter. De vous en redire à cette heure toutes les particularités il m'est impossible, car depuis quatre ou cinq jours il m'est tombé une si grande défluction sur le visage, avec une fièvre qui m'a laissée hier; mais j'en suis encore si débile, et le visage si enflé, que je ne n'ose ni ne puis guère me baisser, de sorte qu'à peine vous fais-je ces mauvaises lignes, qui vous témoigneront que votre petite se porte fort bien. Nous avions quelquefois des querelles pour de petites opiniâtretés et de son peu d'arrêt, et a fallu que j'aie fait user de main mise à Briquemault (1), mais elle promet bien qu'elle sera dorénavant si sage qu'il n'y faudra plus retourner. Ne lui en mandez rien, s'il vous plaît, mais seulement recommandez-lui l'obéissance, et que vous avez commandé à Briquemault de la fouetter toutes les fois qu'elle ne fera pas ce que l'on lui dit. Je lui fais apprendre à danser, pour lui faire un petit la grâce. Encore que j'aie peu à demeurer ici, toujours cela lui servira.

Voilà M. de Beaumarchais (2) revenu de ma maison de Lier-

(6) L'abbesse de Jouarre.
(1) Fille d'un brave capitaine huguenot et demoiselle d'honneur de la princesse d'Orange, qui l'avait donnée pour gouvernante à Charlotte de la Trémoille.
(2) Probablement Vincent Bouhier, trésorier de l'épargne, beau-père de Charles, marquis, puis duc de la Vieuville. Ce projet de vente ne fut pas réalisé.

ville, de façon que je pense que nous passerons notre contrat dans peu de jours; et incontinent après je fais état de partir, quoique M. de Bouillon me veuille fort retenir jusqu'à ce que Mme de Bouillon soit ici, qu'il dit qui sera au commencement du mois prochain. Je vous baise les mains, chère fille. Je voulois que la vôtre vous écrivît, mais ce porteur nous a prises trop court.

A Paris, ce 23 de septembre.

33. — *De La Haye*, 15 *mars* 1608.

Madame ma fille, je suis surprise du partement de ce porteur, par lequel je vous dirai que notre petite se porte bien, Dieu merci, d'aujourd'hui seulement, car toute la semaine elle s'est trouvée mal d'une fièvre que je crois lui être procédée du changement d'air. Elle gouverne ici ses oncles et ses cousins, et quand elle se porte bien elle est fort jolie. Cependant que les affaires d'Etat se traitent, je ne laisse pas de parler des vôtres, et espère que dans quelques jours il s'en fera quelque bonne résolution (1). M. l'Electeur a ici un ambassadeur qui est fort honnête homme. Nous en parlons souvent ensemble, et encore aujourd'hui il a dîné avec moi, et s'est trouvé que c'étoit le jour de la nativité de M. l'Electeur. Nous l'avons un peu solemnisée en buvant sa santé, à quoi votre fille a un peu aidé, qui est la première fois, ce dit-elle, qu'elle a vu boire de santé. Cet ambassadeur me disoit en dînant qu'entre toutes les sœurs de Mme l'Electrice vous avez merveilleusement gagné le cœur de M. l'Electeur. Mandez-moi de vos nouvelles, chère fille, et de celles de votre petit peuple, et comment vont vos affaires.

Je ne vous puis dire de celles d'ici, car on ne sait encore qu'en juger. Vos frères vivent toujours à l'accoutumée. Votre aîné vient presque tous les jours souper ici, mais il

(1) C'était toujours au sujet de la liquidation et du partage de la succession de Guillaume le Taciturne.

ne sait lui-même juger de quoi se termineront les affaires. Dieu y mettra la main, s'il lui plaît; et [il] en est bien besoin, car les hommes n'y voient guère clair. Je n'écris point à M. de Bouillon, parce que je ne le crois plus à Paris. J'appréhende de recevoir de vos lettres et de demander des nouvelles quand il vient quelqu'un de la cour, tant j'ai de peur d'en ouïr de mauvaises de ce pauvre prince (2), que j'ai laissé au lit. Dieu lui envoie, et à nous tous, ce qui nous est nécessaire. Je vous embrasse, chère fille, et vous donne mille bonsoirs.

A La Haye, ce 15 de mars.

34. — *De La Haye*, 2 *avril* 1608.

Ma chère fille, lorsque j'ai pu un peu reprendre mes esprits, j'ai dépêché vers cette pauvre princesse, pour la visiter et pour apprendre de ses nouvelles ; mais le vent contraire n'a voulu permettre que ce porteur soit parti plus tôt qu'à cette heure. Il vous dira de toutes nos nouvelles plus que je ne vous en saurois dire, particulièrement de votre fille, car c'est un de ses grands gouverneurs; de l'Etat aussi tout ce qui s'en dit : en un mot c'est que l'on ne sait encore si nous aurons paix ou guerre. Mais je vous dirai que je me veux servir de ce temps ici pour faire cet été un voyage à Spa, car je suis si tourmentée de ma rate que je n'ai pas presque une heure de santé, et je vois de ceux qui y ont été pour le même mal qui en sont du tout guéris.

Or il me semble que vous ne l'êtes pas si bien guérie qu'un voyage ne vous y fît encore beaucoup de bien; et outre ce que je le désirerois passionnément, vos frères me prient de vous en prier et de le vous conseiller, et vous promettent que si vous y venez ils vous verront, si vous voulez prendre la peine de faire deux petites journées, car il n'y en a pas davantage de là à Bréda ; et votre cadet dit qu'il ira jusques tout auprès de

(2) Le duc de Montpensier était mort le 27 février.

Spa, pour nous accompagner toutes deux. Prenez donc une
bonne résolution, ma fille : vos frères le désirent extrêmement,
et je m'assure que cela sera très-utile à votre santé de faire
encore une fois ce voyage. Vous m'en manderez s'il vous plaît,
par ce porteur, votre intention ; et moi je remetterai à lui à vous
conter toutes nouvelles, et prierai Dieu vous donner toutes
sortes de prospérités.

A la Haye, ce 2 d'avril.

35. — *De la Haye*, 9 *avril* 1608.

Ma chère fille, je reçus hier vos lettres avec celles que
m'avez envoyées de M. de Bouillon et le mémoire que vous
aviez fait consulter ensemble. Nous en avions déjà donné un
paquet tout semblable à Messieurs les Etats, et crois qu'il sera
aisé d'obtenir cela ; mais d'autres avantages pour la maison je
n'en espère pas, car vos frères étant résolus de ne servir
jamais le roi d'Espagne, il n'y a pas d'apparence qu'il leur
veuille faire du bien. Que s'ils le vouloient, à la vérité je crois
qu'il n'y a avantage que l'on ne leur fît ; mais ni eux n'y sont
résolus ni moi je ne leur puis conseiller, estimant, et eux et
moi, qu'il vaut mieux avoir peu avec honneur que beaucoup
autrement. Les affaires tireront encore en grande longueur.
Quant aux partages, ils sont encore si éloignés — M. le prince
d'Orange et M. le prince Maurice — que je ne sais ce qui en
arrivera, et crains bien qu'ils ne tombent en procès. Depuis
que je suis ici je n'ai cessé de travailler si l'on pourroit faire
quelque chose pour vous et Mesdames vos sœurs, et les ambassadeurs de M. l'Electeur, qui sont ici, sont toujours après,
par le commandement de Mme l'Electrice. Enfin on leur a
proposé les moyens que l'on juge justes et raisonnables,
que je crois qu'ils ont envoyés à madite dame l'Electrice.
De penser que l'on vous paye en argent comptant, hélas,
ma fille, il n'y a pas de moyen, car il y en a moins que
jamais en votre maison. Pour l'assignat de mon douaire, je

jouis de Gertruydemberg (1), qui ne vaut que 5,000 florins
par an — encore depuis peu, car auparavant il n'y en avoit
que 4,000 — et j'en dois avoir 8,000; de façon que votre
cadet peut dire être bien éloigné d'avoir jamais eu un
liard des biens de monsieur son père. Pour M. le prince Maurice, il dit, et je vous en enverrai un de ces jours un mémoire,
que ce qu'il (2) jouit, frais faits, les charges ôtées, ne lui revient qu'à 10,000 livres de rente, qui n'est pas ce qui lui appartient de l'argent que Madame sa mère a apporté. Enfin
c'est une compassion si étrange des affaires de cette maison
que je n'y vois ni fond ni rive; et jusques à ce que ces deux
frères se soient accordés, je ne vois pas que les choses se puis-
sent accommoder. Croyez que j'aurai soin de vos affaires
comme des miennes, et certes j'en ai davantage; fiez vous là-
dessus.

Au reste, ma fille, j'ai une prière à vous faire pour votre
nourrice, la fille de mon valet de chambre. Elle est arrêtée
prisonnière depuis mon partement, et je crois que ce n'est
que pour 28 écus. Son mari (3) m'a dit que vous lui avez
promis de faire quelque chose pour elle. Je vous en supplie
bien humblement; ce sera une œuvre charitable, et avec peu
vous la pouvez délivrer de grande peine. Je vous en supplie
donc, et de me conserver votre bonne grâce par-dessus toute
chose. Votre fille se porte fort bien. Je commence d'aujour-
d'hui à lui faire venir un maître pour lui apprendre le fla-
mand. Le même maître lui continuera à faire écrire, car si elle
n'a quelqu'un qui s'entende à la faire écrire, elle oubliera tout.

Je désire bien, et vos frères aussi, que [vous] vous résolviez
à venir aux eaux de Spa.

On m'a dit que Mme la Princesse s'en va à Orange, et que
Mgr son fils a fait demander en mariage Mlle du Maine (4).
Que je sache s'il est vrai. Les vents contraires ont empêché

(1) Dans le Brabant, au nord de Bréda.
(2) *Sic*, pour *dont il*.
(3) Il se nommait Papin.
(4) Renée, seconde fille du duc de Mayenne. Henri IV fit épouser à
M. le Prince, le 3 mars 1609, la belle Charlotte-Marguerite de Montmorency, qui était sa tante à la mode de Bretagne.

que plus tôt je n'aie pu envoyer visiter Mme de Montpensier. Faites-lui-en mes excuses, je vous supplie, et l'assurez bien qu'elle n'a servante qui plus que moi participe à sa très-grande affliction. La vérité est que je n'en puis essuyer mes larmes. Bonjour, ma chère fille.

C'est le 9 d'avril.

36. — *De La Haye*, 9 *mai* 1608.

Chère fille, ce n'a pas été mon neveu de Chatillon qui vous aura porté, comme je pensois, ma dernière lettre. Il laisse faire le voyage à M. de Béthune (1), qui vous dira plus de mes nouvelles que je ne vous en saurois écrire. Si les vents l'eussent voulu favoriser, il y a déjà quelques jours qu'il fût en France, avec M. le président Jeannin (2); mais, après avoir été fort tourmentés sur la mer, il leur a fallu revenir, et laisser aller pour cette heure M. de Béthune.

Nous avons reçu durant ce temps les heureuses nouvelles de l'accouchement de la Reine (3). Le Roi m'a fait l'honneur de me l'écrire, par la dépêche avec laquelle étoit la vôtre par où vous m'en donniez avis. Ce vous a été beaucoup d'heur de vous y être trouvée. La pauvre princesse, que vous y accompagniez, n'y étoit pas avec autant de contentement que je l'y ai vue autrefois. C'est un grand bien à Leurs Majestés et à la France, d'avoir à cette heure trois si beaux fleurons à la couronne. Mandez-moi si Mme de Montpensier a passé outre à Champigny, comme on me mande, et si elle a mené Melle sa fille (4). La vôtre se porte fort bien, Dieu merci, et moi toute à votre service, remettant le reste à M. de Béthune.

C'est le 9 de mai.

(1) Cyrus de Béthune-Congy, colonel d'un régiment français au service des Pays-Bas.

(2) Plénipotentiaire do Henri IV, qui fit signer la célèbre *Trève de douze ans* entre les Etats-Généraux et le roi d'Espagne.

(3) Gaston, troisième fils de Henri IV, était né le 25 avril.

(4) Marie de Bourbon, que Gaston, fils de Henri IV, épousa en 1626, et de laquelle il eut la grande Demoiselle.

37. — *De La Haye, vers juillet* 1608.

Madame ma fille, de vous mander des affaires générales par de si dignes porteurs, ce seroit crime ; et même beaucoup de particulières par mon neveu de Châtillon, qui veut être celui qui vous donnera cette lettre, ce seroit superfluité, car il sait tout ce que je vous en pourrois mander et le vous représentera mieux que mes lettres, même de celles de notre petite mignonne. Il a de quoi vous en entretenir longtemps, car c'est un de ses grands gouverneurs. Elle gouverne ses oncles tout paisiblement. Elle a été l'honneur du bal qui s'est fait durant le séjour que les comtesses de Nassau et de Culembourg (1) ont été ici ; de quoi mon neveu a pour vous entretenir pour le moins une bonne soirée.

Il m'a priée de vous supplier, comme je fais, qu'il vous plaise de le favoriser un peu aux affaires que vous avez ensemble. Vous savez que les gens de son âge ont souvent affaire de finances. S'il vous plaît de l'accommoder de quelque argent comptant, de quoi il aura nécessairement affaire à son arrivée à Paris, vous l'obligerez extrêmement et je prendrai part avec lui à l'obligation qu'il vous aura. Et encore qu'il ait bien besoin d'acquitter ses dettes, en ayant, et principalement celle de M. Bruneau (2), qui lui portent de grands intérêts, si m'a-t-il promis qu'il attendra le reste avec plus de patience si vous l'accommodez de quelque petite somme.

Il s'en va avec lui un capitaine qui est fort serviteur de M. de Bouillon, et qui [le] lui a bien témoigné durant ses peines. Il m'a priée de vous écrire pour un fils de sa femme, qui est fort gentil garçon, qu'il désireroit qui fût nourri page d'un des vôtres. Je lui ai dit que je croyois qu'eux et vous en aviez le nombre que vous désiriez. Toutefois il a fort désiré que je vous en dise un mot ; c'est à vous à lui répondre comme il vous plaira. Je vous laisserai entretenir ces Messieurs et prierai Dieu, chère fille, vous donner délivrance de tous vos

---

(1) Cousines de Madame de la Trémoille.
(2) C'est probablement le conseiller au présidial de La Rochelle.

maux, et à moi toujours autant de part en votre amitié que je le désire. Mandez-moi ce qui est des nouvelles que l'on dit de Mme la Princesse et de Mons^gr son fils, et si elle est allée à Orange. Que je sache aussi, s'il vous plaît, si vous avez accordé avec M. de [la] Rochepot.

38. — *De La Haye*, 6 *octobre* 1608.

Madame ma fille, j'ai beaucoup de déplaisir de ce que ce pauvre marchand s'en va avec si peu de contentement de la justice de l'amirauté de ce pays. J'ai fait ce que j'ai pu pour lui, tant pour votre recommandation que pour avoir inclination naturelle à aimer ceux de Laval et de Vitré, tirant mon origine maternelle de là. MM. les ambassadeurs du Roi, qui sont ici, y ont employé toute leur faveur, mais tout ensemble n'a de rien servi ; et voyant ses affaires tirer en une telle longueur, et qu'il y eut apporté une notable dépense, eux-mêmes lui ont conseillé de ne demeurer pas davantage à cette poursuite. M'ayant donc dit qu'il s'en retournoit à Vitré et à Laval, je lui ai donné cette lettre, croyant qu'il vous trouveroit encore à l'un des deux ou, que si vous n'y étiez plus, qu'il vous la feroit tenir.

Je ne vous y apprendrai encore rien de certain de notre Etat, car nous sommes encore à prendre résolution si nous aurons trêve ou non trêve. Voilà où nous en sommes, et ces irrésolutions-là sont fort préjudiciables et au général et au particulier. Vos trois frères sont tous trois en ce pays : l'aîné à Buren, avec Mme le comtesse de Hohenlohe, où ses deux cadets le sont allés voir ; et lui leur a promis, quand ils sont revenus ici, qu'il les y viendroit voir, de façon que nous l'attendons la semaine prochaine. Votre fille se porte fort bien. Je ne sais si elle aura loisir de vous écrire. Non, car voilà ce marchand qui me prie de lui donner mes lettres, parce qu'il a le vent fort bon et qu'il veut aller coucher à Rotterdam. Excusez-la donc pour cette fois, s'il vous plaît, et ses frères aussi ; et moi de plus long discours, puisqu'il faut que je finisse en vous assurant toujours, chère fille, de mon service et de mon affection, qui vous seront conservés autant que la vie de votre maman.

A La Haye, ce 6 octobre.

39. — *De La Haye*, 19 *octobre* 1608.

Chère fille à moi, je me doutois bien que recevant des lettres de notre petite et de Briquemault sans en avoir des miennes, que cela vous mettroit en peine, qui me fit vous écrire par une autre occasion incontinent après; et envoyois mes lettres à Mlle Anne de Rohan pour les vous faire tenir, sachant bien que vous avez grande communication ensemble. Et depuis j'ai appris que Madame sa mère et elle étoient parties de Paris devant que mon paquet y fût arrivé, de façon que vous aurez été longtemps sans avoir de mes nouvelles. Celle-ci je l'adresse à vos gens à Paris, en ayant reçu deux de vous depuis peu de jours, dont la dernière est du 20 septembre, par où j'apprends que vous avez été malade; mais Dieu soit loué de quoi je sais la guérison aussitôt que la maladie.

La nôtre, c'est-à-dire celle de l'Etat, continue toujours ici, et est une maladie lente, de quoi on ne peut juger quelle sera la fin. Vous avez su comme la paix n'a pu se faire. Depuis on a mis en avant une longue trêve, que les ambassadeurs de France et d'Angleterre sollicitent de tout leur pouvoir. Les opinions sont bien mi-parties là-dessus en cet Etat, car les uns la désirent, les autres point sans des conditions que notre ennemi ne veut pas accorder. Vos frères sont de ces derniers, et là-dessus c'est à qui fera son parti le plus fort, pour faire trouver ses raisons les meilleures. Pour moi, je ne suis pas capable d'en juger, c'est pourquoi mon esprit en demeure en de grandes agitations, bien que je demeure toujours jointe à l'opinion de mes plus proches, comme la raison et mon devoir m'y obligent; mais vous croyez bien que ce n'est pas sans de grandes traverses d'esprit, ne pouvant m'imaginer que ce sera enfin de tout ceci. Dieu veuille y pourvoir par sa providence.

Or, je laisserai les affaires d'Etat pour vous dire que vos

dernières lettres ont causé une grande affliction domestique. Je n'ai jamais rien vu si joli que les lettres de votre petit mignon à sa sœur. Ses oncles lui en font bien la guerre de ce qu'il est plus sage qu'elle ; elle promet bien qu'elle la sera dorénavant. Nous lui faisons pratiquer ce que vous me mandez, et aujourd'hui, qui est dimanche, elle a sa plus méchante robe, qui lui a bien coûté des larmes devant que la mettre : car elle pensoit que je dusse dîner avec votre aîné, comme j'ai accoutumé, mais il m'a fallu venir écrire, de quoi elle n'a peu de réjouissance. Je vois bien que cela lui sera un plus grand châtiment que les verges. Elle a un esprit admirable et que c'est la vérité qu'il faut tenir en bride, car elle ne demande que de suivre ses volontés ; mais l'on lui formera le jugement (1) et la rendra bien fort jolie, je m'en assure. N'en travaillez donc point votre esprit, je vous prie, et vous fiez en moi que j'en aurai le soin que je dois.

Ne vous étonnez pas si vous n'avez point de lettres de vos frères, car croyez-moi qu'ils ne furent jamais si empêchés qu'ils sont ; et faut attendre une autre saison pour parler de ce qui touche cette honnête et vertueuse fille (2), celle-ci n'étant nullement propre, ayant bien d'autres choses en la tête. On m'a dit qu'il y a une de vos voisines mariée (3), et que M. l'Amiral et M. de Montmorency ont passé chez vous en allant pour cet effet. On m'a dit aussi que vous avez eu M. de Vendôme (4), allant prendre possession de son gouvernement ; et nous avons eu ici le prince de Tingry (5) depuis deux jours, qui est tel que vous l'avez vu. Il s'en va promener par le pays. Nous avons eu aussi le duc de Mantoue (6). Le marquis de Spinola (7) est retourné à Bruxelles, où est arrivé depuis peu de jours M. le prince d'Orange, que nous estimons qui pourra

(1) La comtesse de Derby justifia toutes ces prévisions, et au delà.
(2) Projet de mariage de Henri de Nassau avec Anne de Rohan.
(3) Il s'agit probablement du mariage, cassé depuis, de Jeanne de Scépeaux, duchesse de Beaupréau, avec le jeune Henri de Montmorency, décapité à Toulouse, en 1632.
(4) César, l'aîné des fils de Henri IV et de Gabrielle d'Estrées.
(5) Henri de Luxembourg, personnage ridicule et fort glorieux.
(6) Vincent Ier, qui venait de fonder l'ordre du *Précieux Sang*.
(7) Général en chef des armées espagnoles, qu'il avait très-souvent rendues victorieuses des Hollandais.

venir sinon ici au moins à Buren. Et moi je m'en vais finir, avec protestations que vous êtes et serez toujours ma chère fille, que j'embrasse en imagination mille fois, et mes petits mignons. Je vous recommande les affaires de la marquise de Mirebeau; faites-y une fin, ma mignonne. Je ne vous recommande point les miennes, car je vois bien que vous en avez plus de soin que moi-même.

A La Haye, ce 19 octobre.

40. — *De La Haye*, 12 *février* 1609.

..... (1). Nous deux seroit la plus fâchée, car la vérité est que je crois qu'il me seroit encore plus mal aisé de vivre sans elle (2) qu'elle sans moi. Et ne croyez pas, je vous prie, qu'elle m'apporte nulle incommodité : au contraire, ce m'est un extrême contentement de l'avoir avec moi; et croyez que je ne la gâte point, car je la fais fort bien fouetter quand elle le mérite. Mais, ma chère fille, fiez-vous donc en moi et ne vous en mettez en nulle peine, car je m'assure que Dieu la bénira, et quand vous la verrez vous l'aimerez bien et la trouverez bien jolie. Mme l'Electrice me mande que vous lui donnez espérance de la voir cet été. Pour moi, j'ai aussi quelque opinion que je pourrois bien faire le même voyage, car je crois que j'irai à Spa, et de là il faut que j'aille voir cette bonne princesse, car je m'imagine que nous nous rencontrerons en quelque lieu. Sur ce sujet votre petite a bien pleuré à dîner; car

(1) Ce fragment, trouvé dans une lettre de Madame de Rohan à Madame de la Trémoille, qui la lui avait envoyée à cause du susdit projet de mariage, doit être précédé des mots : *Je ne sais qui de.*

(2) La petite Charlotte, que sa mère voulait faire revenir près d'elle, lui avait écrit le 3 précédent : « Madame, j'ai un extrême déplaisir de ne vous avoir été obéissante, mais j'espère que d'ores en avant vous n'aurez occasion de vous plaindre de moi, combien que jusqu'ici je n'aie été trop sage; mais j'espère de l'être tant que vous aurez sujet de contentement, et que Madame ma grand-maman ni Messieurs mes oncles ne me trouveront plus ingrate, espérant leur rendre obéissance et très-humble service. Ils m'ont à ce nouvel an témoigné leurs bonnes volontés en m'ayant donné de belles étrennes, à savoir : Madame m'a donné un carquant de diamants et rubis; M. le prince d'Orange, des pendants d'oreille; Son Excellence (Maurice), trois douzaines de boutons de perles et rubis; M. mon oncle (Henri) m'a donné une robe de toile d'argent, etc., etc. »

comme je disois cela à mon fils et à un de vos cousins, j'y ai ajouté : « Ce sera là que je laisserai ma fille entre les mains ou de Mme l'Electrice ou de Mme de la Trémoille. » Là-dessus elle s'est mise à pleurer de telle façon que nous ne l'avons jamais pensé rapaiser. Son oncle est son grand gouverneur, aussi l'aime-t-il parfaitement ; aussi font les deux autres, mais mon fils est celui qui est l'ami du cœur. Votre frère le prince Maurice lui fait toujours la guerre, comme il faisoit à vous, mais il l'aime aussi tout ce qui se peut. Elle ne se peut si bien apprivoiser avec l'aîné. Or, encore une fois donc, ne soyez plus en peine d'elle, car je vous réponds que ce sera une très-jolie fille.

Or il faut à cette heure parler d'une autre : c'est de celle si sage et si vertueuse dont vous me parlez. Vous pouvez penser, chère fille, combien passionnément je désire ce que vous désirez ; mais je vous dirai librement que je n'y puis faire résoudre celui que vous savez sans l'avoir vue et sans qu'il sache premier qui c'est qu'il demandera (3) et quelle sera sa condition ; car il se voit en termes d'avoir si peu de sa maison, et ce qu'il peut avoir d'ailleurs si incertain, qu'il.dit qu'il lui semble que l'on ne le doit point presser de changer sa condition, si ce n'étoit pour quelque parti, ce qu'il ne croit pas que soit celui-là. Ce que je vous en dis c'est à vous, et saurez ménager cela par votre prudence. Soit guerre soit trêve, il faudra qu'il fasse un voyage en France, et là trouver moyen de les faire voir. Que s'ils sont agréables l'un à l'autre, je sais un moyen pour leur faire avoir des commodités assez pour être à leur aise ; mais il faut qu'ils se voient, car il n'y a point de moyen de l'obliger si ce n'est chose qui lui soit agréable. J'y apporterai tout ce que je pourrai, comme n'y ayant chose au monde que je désire tant ; car alors je serais contente de mourir, et m'assure que vous me croyez bien.

Je suis extrêmement marrie de l'affliction de Mme de Saint-

___

(3) Henriette de Rohan, sœur aînée d'Anne, était aussi à marier. Tallemant des Réaux dit qu'elle était bossue, et il la traite, comme toute la famille, en Rochelais ayant abjuré le protestantisme. La maison de Rohan avait peu de biens. Anne était du même âge que Henri de Nassau.

Germain (4). J'ai pleuré en lisant la lettre, que vous m'avez envoyée, qu'elle écrit à sa fille. Je ne lui ose écrire, ne sachant quelle consolation donner à une douleur si sensible. Elle et Mme de Randan (5) sont bien payées d'ingratitude de là où elles en devoient le moins attendre. Mme de Neuvy (6) fait la tierce.

Je reçois souvent des lettres de la marquise de Mirebeau, qui me fait les mêmes plaintes que vous de ce que vous ne pouvez tomber d'accord, et dit qu'elle y a apporté et apportera toujours tout ce qu'elle pourra. Je vous prie, ma fille, évitez les procès avec elle, car cela ne vous apportera à l'une et à l'autre que beaucoup de peine et de dépense, et enfin il faut que chacun ait ce qui lui appartient. Je sais bien que votre bon naturel vous convie assez à cela, mais ne croyez pas ceux qui auront du profit à vous faire plaider. J'ai donné charge à mon homme, qui est à Paris, de recevoir ce qu'il vous plaira lui donner lorsque vous y serez. Je crois que mon frère s'y trouvera aussi en même temps. Lorsque vous serez en cette grande cité, j'aurai plus de moyen de vous écrire souvent.

Il me tarde bien de savoir Mme de Bouillon heureusement accouchée. Vos frères admirent la belle écriture et le style de leurs neveux, et moi je ne sais si j'aurai moyen de leur écrire, tant je fais de lettres, par la commodité de ce porteur, pour lesquelles commencer il est temps que je finisse celle-ci en vous embrassant, et Erry (7) aussi, de tout mon cœur. Mandez-moi ce que vous croyez du mariage de M. le Prince (8). Je m'en réjouis infiniment s'il se fait, car c'est beaucoup d'hon-

(4) Anne de Valzergues, veuve de Jean de la Rochefaton, seigneur de Saveilles, et alors femme de Gabriel de Polignac, seigneur de Saint-Germain. Contrairement à ses projets, Henri IV avait fait épouser sa fille du premier mariage à Armand de Caumont, fils ainé du duc de la Force.

(5) Voir la lettre 31, note 4, au sujet d'autres mariages conclus par ordre du roi.

(6) Françoise de la Rochefoucaud-Barbezieux, veuve de Bertrand de Fayolles de Mellet. Sa fille Charlotte était demoiselle d'honneur de Marie de Médicis.

(7) Petit nom de Frédéric de la Trémoille.

(8) Avec Mademoiselle de Montmorency, que le connétable, son père, voulait faire épouser à Bassompierre, et que la princesse d'Orange avait recherchée pour son fils.

neur pour cette belle fille-là, que j'aime bien fort, et m'assure que sera du contentement pour lui d'avoir une femme si sage comme sa bonne nourriture et son honneur promettent qu'elle sera. Voici une petite requête que l'on m'a priée de vous faire : votre chère fille qui vous supplie de lui envoyer ses étrennes; et moi je vous supplie de n'y point faillir, et qu'elles soient belles, car je vous réponds pour elle qu'elle les méritera. Papin me prie aussi de vous ramentevoir sa femme, votre nourrice, et d'avoir pitié d'elle, car elle a des procès qui l'ont mise du tout en nécessité.

C'est à La Haye, ce 12 de février.

41. — *De Berg op Zoom, 22 mars* 1609.

Madame ma fille, ce même gentilhomme qui vous donna si peu de loisir de m'écrire s'en va en une saison où j'ai la cervelle si embarrassée qu'il ne vous portera que peu de lignes de moi. Vous apprendrez par lui les termes où il laisse les affaires, qui est bien fort proche de la conclusion de la trêve. Nous avions donné un mémoire, pour les affaires de cette maison, où les rentes de vous et de vos sœurs étoient comprises; mais il n'a été parlé ni des unes ni des autres, et dit-on qu'il ne nous faut rien attendre de ce côté-là. Avisez s'il ne seroit pas à propos que vous fissiez que le Roi en écrivît à ses ambassadeurs pour vous en faire jouir, car d'ici il ne vous en faut rien attendre. Notre fille se porte bien, Dieu merci, et moi toute à votre service, qui vous baise les mains en toute humilité.

Je me réjouis bien fort du mariage de Mgr le Prince avec cette belle fille, que j'aime de tout mon cœur.

A Berg op Zoom, ce 22 mars.

42. — *De La Haye,* 13 *avril* 1609.

Ma chère fille, ce gentilhomme, qui s'en retourne à Paris, m'a mise toute en peine de vous, m'ayant dit qu'il vous avoit laissée bien malade ; et depuis son arrivée j'ai reçu de vos lettres, mais écrites devant son partement, par lesquelles vous me mandiez avoir été bien mal, mais que lorsque vous écriviez vous vous portiez mieux : qui me fait craindre que vous ne soyez retombée. De façon que je ne serai point à mon aise que ce gentilhomme ne retourne, qui doit revenir incontinent ; et par lui commandez, je vous prie, à quelqu'un des vôtres de m'avertir de l'état de votre santé, car je n'aurai point de repos que je ne sache que Dieu vous l'ait rendue bien parfaite. Votre fille se porte bien, mais fort en peine de vous, aussi bien que moi. Ce gentilhomme m'a dit que mon fils, M. de la Trémoille, lui vint faire une si jolie harangue, à son partement de Paris, qu'il l'en admire et l'en fait admirer ici à tout le monde. Mlle Anne de Rohan m'en mande aussi des merveilles, mais elle en parle par passion, car il y a de l'amour entre eux deux, à ce qu'elle me mande.

Bonjour, chère fille ; je prie Dieu que j'aie bientôt de vos nouvelles qui soient bonnes.

C'est le 13 d'avril.

43. — *De La Haye*, 22 *juin* 1609.

Madame ma fille, j'ai reçu votre lettre du 22 de mai. Je me réjouis de vous savoir, et Mme de Bouillon, auprès de cette bonne et digne Electrice, et participe en esprit au contentement que vous possédez toutes ensemble (1). Il n'est heure au jour que je ne m'y souhaite ; mais quoi, ce n'est de cette heure que ce que je désire le plus est ce qui m'est bien souvent le plus interdit. Nous sommes ici, sur vos partages, aussi peu avancés que le premier jour, parce que Messieurs les Etats n'ont point encore pris leur finale résolution sur ce qu'ils veulent faire pour votre maison. Pour faciliter lesdits partages, M. le président Jeannin s'y emploie, et par le commandement du Roi et de sa bonne volonté, et promet qu'il ne partira point qu'il ne voie cela fait, conclu et arrêté.

---

(1) Excepté Flandrine de Nassau, religieuse à Poitiers, toutes les filles de Charlotte de Bourbon Montpensier et de Guillaume le Taciturne se trouvaient réunies à Heidelberg.

Soudain que cela sera fait, je me propose, s'il plaît à Dieu, d'aller à Spa, et ai opinion que ce pourra être dans le mois de juillet, et de là à Heidelberg. Le cœur me dit que vous y serez encore, et que notre bonne Electrice trouvera quelque bon sujet pour vous y arrêter.

Touchant ce que vous m'écrivez de votre rente de Brabant, Mégand (2) et moi en parlons souvent. Il s'est employé et s'emploie journellement pour vous la faire tirer ; et aujourd'hui encore, comme je lui en parlois sur la lettre que vous m'en avez écrite, il m'en a donné plus d'espérance qu'il n'avoit encore fait; mais laissez-lui ménager cela, car il ne le faut pas faire par les raisons que vous m'alléguez. Sont d'autres moyens dont Mégand se sert, et par lesquels il espère d'en venir à bout. Gouvernez-vous-y donc par son avis et selon ce qu'il m'a dit vous en écrire par cette même dépêche. Et pour vos partages, vous ferez bien, cependant que vous êtes toutes ensemble, d'envoyer ici; mais il faudroit que ce fût promptement. A cette heure que le mariage de M. le Prince est fait, mons' votre frère attend ici bientôt madame sa femme; mais il craint qu'elle aille mener la mariée en son ménage et que cela fasse ajourner davantage qu'il ne désire. Je ne vous mande point de nouvelles de votre fille, parce que je sais qu'elle vous écrit elle-même. Bonjour, chère fille.

C'est le 22 de juin.

Je vous supplie de baiser les mains de ma part à ma fille, Mˡˡᵉ d'Orange (3), n'ayant loisir de lui écrire parce que voilà une dépêche qu'il me faut faire en France avec celle-ci, de façon que j'ai mille lettres à écrire.

44. — *De Spa*, 30 *juillet* 1609.

Madame ma chère fille, étant arrivée d'hier au soir seulement en ce lieu de Spa, j'y ai trouvé M. de la Guesle (1)

(2) Homme d'affaires de la duchesse en Hollande.
(3) Amélie de Nassau, depuis duchesse de Landsberg.
(1) Jacques de la Guesle, procureur général au parlement de Paris.

qui dépêchoit ce gentilhomme à Paris; par lequel je vous fais ce mot pour vous dire que votre fille et moi nous y sommes arrivées, en bonne santé, pour le mal qui nous y amène. Je suis délibérée de faire boire un peu à votre fille, parce qu'elle est fort sujette à un mal de côté et qu'elle a toujours une grande altération et demeure fort maigre. Les médecins jugent qu'un peu de cette eau la délivrera de ces maux. J'ai vu à Bréda Mme la princesse d'Orange (2) et [ai] demeuré trois jours avec elle. Je l'ai trouvée fort embellie. Elle m'a conté des nouvelles que je savois déjà. Je reçus là les lettres que m'écrivîtes de Paris, le lendemain de votre arrivée. Je crois que vos trois frères sont à cette heure ensemble audit Bréda. J'envoie demain savoir des nouvelles de Mme de Bouillon (3) et ne vous puis dire autre chose pour cette heure, car ce porteur n'attend que mes lettres; vous baisant les mains mille et mille fois. Je suis logée ici au même logis où vous logiez.

A Spa, ce 30e juillet.

45. — *De La Haye*, 14 *janvier* 1610.

Madame ma chère fille, les dernières et seules lettres que j'ai reçues de vous depuis longtemps sont écrites de Vitré, du 17 décembre, où vous faites la même plainte de moi que je fais de vous; et cela sans croire qu'il y ait faute de votre souvenir, comme je m'assure que vous avez la même créance de moi. Vous dites que vous serez de retour à la fin de ce mois à Paris. Pour moi je ne sais quand j'y serai. Votre cadet est tous les jours en délibération d'y aller; mais ces incertitudes des affaires de Clèves et Julliers le retiennent d'heure à autre, pour ne désirer pas, et avec raison, être absent d'ici s'il s'y commence de la guerre. Je crois que dans peu de temps on en sera résolu, et alors lui et moi prendrons nos résolutions, de quoi vous serez avertie.

(2) Eléonor de Bourbon-Condé.
(3) De Spa à Sedan, il n'y a pas trente lieues.

L'éloignement de France de M. le Prince nous fâche fort ici, et surtout le voyant au lieu où il est (1), où on tâchera par toutes sortes d'artifices de le détourner de son devoir; mais je veux toujours espérer qu'il sera plus sage. Je m'assure bien, que s'il veut croire le conseil de M. [le prince] et Mme la princesse d'Orange, qui sont auprès de lui, qu'il se réconciliera bientôt avec le Roi, de qui la clémence et grande bonté est tant reconnue que, quand il y aura recours, il ne doit point douter que Sa Majesté soit aussi prête à lui pardonner que lui à demander pardon.

Il faut changer de discours, et vous dire que vous avez fait votre fille bien glorieuse de lui envoyer de si belles robes. J'espère que vous aurez du contentement d'elle, car c'est un esprit admirable et qui, Dieu merci, ne s'incline à nulles mauvaises conditions; mais aussi elle ne peut encore l'arrêter pour apprendre ce que l'on désireroit. Mais quoi? Il faut l'avoir par patience et par crainte, car il y a beaucoup d'enfance encore en elle et son esprit veut être retenu par crainte, et sa bonne amie ne manque point à lui en donner; et ne lui épargne-t-on point la verge quand elle en a besoin. Il est vrai que c'est le plus tard que l'on peut, car je voudrois bien que la raison et non la verge lui fît faire ce qu'elle doit. Il n'y a point de danger que vous lui mandiez que c'est une grande honte de se faire encore donner des verges en l'âge où elle est, et que vous ne voulez plus qu'elle fasse de l'enfant, car il est bien certain qu'elle n'a que le jeu en recommandation; et j'aime beaucoup mieux qu'elle soit comme cela que si elle appliquoit son esprit comme font beaucoup d'autres, qui n'apprennent que de petites afféteries, à quoi je vous puis assurer qu'elle n'est nullement encline. Cela vous doit réjouir, et [faire] vivre assurée que j'en fais comme de mon propre enfant; et ne devez point craindre qu'elle me donne de la peine : au contraire, ce m'est un extrême contentement de pouvoir instruire une jeunesse à qui j'ai tant d'obligation.

J'ai reçu les belles stances que cette belle et vertueuse

_____

(1) A la cour espagnole de Bruxelles, où le prince de Condé avait amené sa femme, pour la soustraire à la folle passion de Henri IV.

fille (2) a faites. Cet esprit tout parfait ne peut rien produire qui ne lui ressemble. Je souhaite toujours avec passion ce que vous désirez, mais il se faut voir, et jusques-là je ne puis rien faire que des souhaits. Je leur ai écrit, c'est-à-dire à la mère et aux filles, il y a peu de temps. J'espère que nous nous trouverons toutes ensemble devant qu'il soit long-temps. A cette heure-là nous en parlerons davantage; et cependant je vous baise, chère fille, bien humblement les mains, et embrasse mes deux petits mignons de tout mon cœur. Ne m'envoyez point le cabinet, mais gardez-le-moi, s'il vous plaît.

A La Haye, ce 14 janvier.

46. — *De La Haye*, 25 *février* 1610.

Madame ma chère fille, j'ai reçu vos lettres et par le Sᵣ Du Plessis (1) et depuis par le Sᵣ Anché (2). Je me réjouis de vous savoir à Paris, parce que j'en apprendrai bien plus souvent de vos nouvelles que d'ailleurs.

Vous dites que vous avez trouvé beaucoup de changement; vraiment oui! Pour moi, je crois que M. le Prince a perdu l'entendement et qu'il est abandonné de Dieu que d'ouïr ses procédés à Bruxelles. Le cœur m'en crève de voir un qui porte le nom de Bourbon parmi ces gens-là (3). Je me trompe bien ou il sera bientôt las d'eux, et eux de lui; ils le déprisent déjà bien fort, à ce que j'entends. J'ai pitié de le voir courir comme cela à sa ruine, et cette pauvre princesse renfermée à cette heure comme dans une prison. Elle eût été bien plus heureuse d'épouser un simple gentilhomme. Mais encore ce

---

(2) Anne de Rohan dont on a, malheureusement, négligé de recueil-lir les poésies. Je n'ai pu trouver le sujet des Stances dont parle Louise de Colligny.

(1) Zacharie du Bellay, seigneur du Plessis-Bellay, gouverneur du jeune duc de la Trémoille. Il avait été capitaine dans un des régiments français au service des Pays-Bas.

(2) Gentilhomme de la maison de la Trémoille.

(3) Cette lettre a été imprimée, avec l'orthographe de l'original, par M. le duc d'Aumale, dans son *Histoire des Princes de Condé*, vol. II, p. 571.

qui me fâche le plus, c'est de voir M. le prince d'Orange je
ne sais comment embarrassé parmi tout cela. Il n'a pas tenu
que nous ne lui ayons souvent mandé d'ici qu'il s'en devoit
retirer; et il nous mande aussi tous les jours qu'il s'en
revient à Bréda, et qu'il lui fâche fort d'y demeurer si longtemps, mais qu'il espéroit toujours de gagner quelque chose
sur cet esprit malade. Depuis cette belle alarme que vous
en avez apprise (4), nous n'en avons rien appris, sinon que,
de bouche, il a encore donné charge de nous dire qu'il seroit
bientôt à Bréda.

Vos frères sont depuis quinze jours à Utrecht, pour essayer
d'assoupir quelque brouillerie qui s'est mise dans la ville,
à quoi, si l'autorité de Messieurs les Etats ne remédie, il
y auroit danger que cela n'en allumât de plus grande dans
le pays; mais on espère que cela se raccommodera. Voilà des
nouvelles d'Allemagne qui viennent d'arriver, par où il semble
que ces affaires de Julliers se porteront à la guerre. Si cela
est, il n'y a pas d'apparence que votre cadet puisse aller
encore en France, car cette seule attente lui a fait tenir
pied-à-boule tout cet hiver, par l'avis même de tous ceux
qui l'aiment : car il avoit bien envie de faire un tour auprès
du Roi, qu'il a extrême envie de voir. S'il y a moyen, il
faut qu'il fasse ce petit voyage de Sedan. Si M. de Bouillon
est encore à Paris, communiquez-en avec lui et me mandez,
s'il vous plaît, comment il faudroit y procéder, car j'y apporterai de mon côté tout ce qui sera en ma puissance, ne désirant
rien tant au monde que ce que vous souhaitez aussi.

Vous me mandez que je vous écrive quand sera mon retour.
Certes, chère fille, je ne le puis encore juger, car il m'est
bien mal aisé de me résoudre que je ne voie ce que deviendra
votre cadet. J'ai dit à Briquemault ce que vous me mandiez
qui la regarde. Je vous prie de croire qu'elle, non plus que
moi, ne souffre rien à Mlle de la Trémoille qui soit mal séant
à une fille de sa qualité. Je me doute bien qui est ce gentilhomme, que vous dites qui est avec mon neveu de Chatillon,

(4) Dans la nuit du 13 au 14 février, le marquis de Cœuvres, ambassadeur de Henri IV, échoua dans sa tentative d'enlèvement de la jeune
princesse de Condé.

qui vous a dit qu'il parle si privément avec elle. C'est une humeur que, si vous le connoissiez bien, vous ne trouveriez pas cela étrange de lui, car il prend des libertés qu'autre que lui ne prendroit pas, et personne ne s'en offense. Enfin j'en fais comme de ma fille propre, et m'assure, quand vous la verrez, que la trouverez bien jolie (5). Le Plessis m'a dit mille biens de votre aîné, et mille gentillesses de votre cadet, qu'il me donne bien envie de voir. Je suis si malade d'un grand rhume, qui tient ici comme une coqueluche, que j'ai eu grand'peine à vous faire cette lettre.

C'est le **23** de février.

47. — *De La Haye*, *6 avril* 1610.

Madame ma fille, il y a plus de trois semaines que je suis attachée au lit et à la chambre par le plus grand et le plus fâcheux rhume que j'aie jamais eu, et sans lequel je fusse déjà bien près de Paris. Mais voyant les Pâques si proches que je ne pourrois me mettre en chemin, n'étant pas encore fort bien guérie, que je ne me trouvasse encore en cette semaine si pleine de cérémonie, c'est pourquoi je

---

(5) Voici, sur le même sujet, un fragment de lettre de Mademoiselle de Briquemault à Madame de la Trémoille : « Je vous veux dire la vérité et vous supplie très-humblement, Madame, de la croire : qui est que j'aimerois mieux être morte que souffrir à madite demoiselle aucune afféterie ni autre chose qui lui fût mal séant, non plus en l'absence de Madame qu'en sa présence. Et je vous peux assurer que si de toutes ses autres petites imperfections elle étoit aussi aisée à corriger comme de caresser les hommes, elle seroit bien parfaite; vous assurant qu'elle a plus d'inclination à les mépriser qu'à les caresser : c'est pourquoi on ne lui défend point de leur parler. Je ne sais où on a pris ces inventions-là pour m'affliger et me rendre, comme je crois, de mauvais offices envers vous... Je vous supplie très humblement d'être assurée que je ne laisse rien passer à Mademoiselle votre fille de mal séant sans l'en reprendre, et châtier quand il en est besoin. Elle seroit aussi sage que vous le désirez si son petit esprit se pouvoit arrêter; mais il faut que ce soit l'âge qui lui apporte cet arrêt, car il lui faut bien tenir la bride haute mais ne la pas trop tenir de court, car cela la rend incontinent mélancolique et malade. Je ne la flatte point, et si ne laissé-je d'espérer que l'âge lui apportera de la sagesse et gentillesse autant que si on la tenoit plus court. »

me suis résolue de passer ici Pâques et de partir, avec l'aide de Dieu, deux ou trois jours après, pour me rendre le plus tôt que je pourrai à Paris, où je me promets que j'aurai ce bonheur de vous trouver encore et que, par votre faveur, je pourrai être accommodée dans un quartier de la maison de M. de Bouillon, où vous êtes logée. Ce me sera un extrême contentement si nous pouvons être ensemble; et sur cette espérance je vous baise mille fois les mains.

A La Haye, ce 6 d'avril.

48. — *De Paris*, 20 *juillet* 1612.

Madame ma fille, me voici de retour à Paris d'hier au soir seulement, n'ayant vu personne d'aujourd'hui, pour n'avoir pu voir la Reine, pour être trop lasse, et n'ayant averti aucune de mes amies de ma venue. Je suis venue en une fort grande diligence et ayant laissé infinies petites affaires en ma maison (1), où ma présence étoit du tout nécessaire, pour ne manquer point au jour que Mme de Rohan m'avoit assuré par ses lettres qu'elle seroit ici; mais, à ce que j'apprends, elle n'y sera encore de deux jours. Je crois qu'elle vous aura vue à Saumur, et M. de Bouillon aussi, et que vous aurez résolu ensemble du voyage de Sedan. Mais je viens d'apprendre une nouvelle qui me met en peine : c'est que l'on m'a dit la contagion y être recommencée. Seroit bien pour mettre Mme de Bouillon en nouvelle peine. Je lui viens d'écrire tout à cette heure pour la supplier de me mander de ses nouvelles. Je suis trop nouvelle venue pour vous en mander d'ici. J'ai bien appris, par mon neveu de Châtillon, de celles de Saumur. Il est bien glorieux de la bague qu'il a gagnée de Mlle de la Trémoille, et dit qu'il n'a jamais rien vu de si joli que votre cadet; et moi je dis que je n'ai point de désir plus affectionné que celui de vous faire service. En

(1) Lierville.

cette volonté, je vous baise les mains en toute humilité, et par votre permission à toute la petite troupe.

A Paris, ce 20 de juillet.

49. — *De Lierville*, 25 *octobre* 1612.

Madame ma chère fille, j'attendois le retour d'un des miens, qui étoit allé à Paris, pour savoir si vous y étiez et envoyer savoir comment vous vous portez des eaux de Spa, lorsque votre laquais m'a rendu vos agréables lettres, étant extrêmement aise d'y apprendre votre état et celui de votre petit peuple, particulièrement de Mlle de la Trémoille. J'ai toujours cru que ces eaux lui feroient du bien, car lorsqu'elle en prit sur le lieu elles lui profitèrent beaucoup. J'aurois un merveilleux regret de ne vous pouvoir voir devant votre partement, sans ce que vous me mandez que vous n'avez que six semaines pour votre voyage. Ce sera donc à ce retour-là que nous nous verrons, s'il plaît à Dieu, car je fais état de partir après cette Toussaint, avec beaucoup de regret de ne voir point planter mes arbres; mais j'ai ici Mme de Ricey (1) qui me veut emmener par force. Je me suis trouvée fort mal, depuis trois semaines, d'un mal qui n'est pas honnête, mais à cette heure je me porte fort bien et ne m'en reste qu'un peu de foiblesse. Durant ce fâcheux mal, je reçus vos lettres, avec celles que m'envoyez de Mme l'Electrice et de cette pauvre nouvelle veuve (2), auxquelles j'ai fait réponse, mais non à vous parce que j'attendois toujours votre retour à Paris, Mlle de Rohan, qui m'a fait l'honneur de passer ici, m'ayant assurée que vous deviez arriver deux jours après son partement de Paris; et depuis dix jours j'ai ici Mme de Ricey qui m'en dit autant. Vous avez raison de dire que n'avez point eu de mes lettres, car je ne vous ai écrit qu'une fois depuis que vous êtes à Sedan. Il y avoit dans un même paquet des lettres pour vous et pour

(1) Anne de Laval-Bois-Dauphin, veuve de Georges II de Créquy, seigneur de Ricey.
(2) Leur sœur consanguine, Catherine-Belgie de Nassau, dont le mari, Philippe-Louis, comte de Hanau, était mort le 9 août précédent.

Mme de Bouillon, et le tout adressé à Mme de Ricey, ce qu'elle n'a point reçu tant le messager a été sûr.

Je suis étonnée de ce que vous ne me parlez point du mariage de M. l'Electeur (3). M. d'Aerssen me mande qu'il est arrivé le 9 de ce mois à La Haye et qu'il n'y devoit séjourner que peu de jours, que le mariage se doit faire à Noël. Puisque votre frère a l'honneur de l'accompagner, je crois, quand je serai à Paris, que j'en apprendrai des nouvelles. On m'a dit que vous êtes priée d'aller querir cette belle princesse, pour l'accompagner à son ménage. Ce sera un fort beau et honorable voyage, et que je m'assure qui vous apportera du contentement; mais au moins en devriez-vous mander quelque chose à votre pauvre maman, afin qu'elle s'en réjouisse avec vous; mais puisque l'on vous verra dans six semaines, il faut remettre tous discours à ce temps-là. Cependant, chère fille, je prie Dieu qu'il vous donne heureux voyage et beau temps pour le faire; mais je suis marrie que je ne verrai point mon fils, M. de la Trémoille, car ce laquais m'a dit que vous le laisserez en Poitou, et que le petit est demeuré à Sedan, mais j'espère que vous ramènerez Mlle de la Trémoille. Si j'eusse été à Paris, je vous eusse priée de me la laisser, pour l'exempter de cette petite corvée. J'attends tous les jours le marquis de Mirebeau; sans cela j'eusse pu partir plus tôt pour vous trouver encore à Paris, mais à cette heure il n'y a point de moyen.

Encore faut-il que je vous prie de m'éclaircir d'une chose dont je vous priois par mes autres lettres. C'est qu'il y a bien deux mois que M. de Bouillon me fit mander que j'avois été refusée au Conseil d'un don que la Reine m'avoit fait (4). Moi qui n'avois demandé ni eu aucun don de Sa Majesté, fus fort étonnée; et depuis, me faisant enquérir que c'étoit, on me dit que c'étoit vous, et que cependant on croyoit que ce fût moi. Je vous supplie, éclaircissez-moi cette énigme, car depuis j'en

(3) Frédéric V, depuis roi de Bohême, épousa, le 14 février 1613, Elisabeth, fille de Jacques Ier, roi d'Angleterre.

(4) Il s'agissait peut-être de la continuation de la pension de 6,000 livres, pour laquelle Louise de Colligny est portée en 1609, ainsi que Du Plessis-Mornay et le comte de Montgomery, sur le *Petit Estat de ceux de la Religion*, montant à 84,500 livres.

ai toujours été et suis encore en peine; et ne faut que laisser vos lettres, s'il vous plaît, à M. d'Aerssen. Je vous baise très-humblement les mains.

C'est le 25 d'octobre.

50. — *De la Haye*, 11 *mai* 1613.

Madame ma fille, je m'assure que vous serez bien aise de savoir comme Dieu m'a heureusement conduite en tout mon voyage, et suis arrivée à la bonne Haye, que bien connoissez, dimanche dernier 5 de ce mois, ayant été douze jours en chemin. J'en séjournai un à Verneuil, comme vous aura pu dire Mlle de la Trémoille, ayant grand regret que je ne la pouvois mener plus avant. J'en séjournai un autre à Bruxelles, et ne bougeai du logis de M. le prince d'Orange, là où l'ambassadeur de France, Mme la princesse d'Orange, la princesse de Ligne (1) et force autres dames me firent l'honneur de venir au-devant de moi. Soudain que je fus arrivée, le marquis de Spinola me vint trouver; le lendemain, l'ambassadeur d'Espagne et toutes les dames qui sont à Bruxelles me firent le même honneur. L'Infante pensa être tuée à l'instant que j'arrivai, par un qui tiroit au papegay, duquel l'arquebuse creva, dont un éclat la blessa fort à la joue.

J'ai laissé M. le prince d'Orange avec la goutte à Bruxelles, mais faisant état que, s'il pouvoit, il viendroit ici à la réception de ces prince et princesse (2), qui arrivèrent à Flessingue jeudi au soir. Messieurs les Etats me viennent d'envoyer une lettre que leur écrit M. le prince Maurice, par laquelle il les en avertit, et que M. l'Electeur pourroit bien être ici aujourd'hui, mais la princesse se reposera deux ou trois jours en Zélande. Je suis si empêchée à préparer mon logis (3), pour recevoir cette grande compagnie, que voilà tout ce que je vous puis dire; et vous supplie de me mander des nouvelles de notre

---

(1) Louise de Lorraine-Chaligny, femme de Florent, prince de Ligne.
(2) L'Electeur-Palatin et la princesse d'Angleterre.
(3) La maison de Louise de Colligny, située sur la magnifique promenade dite *le Plein*, est devenue le ministère des colonies.

belle et bonne Reine, et si elle est bien guérie de son rhume. J'ai bien envie aussi de savoir des vôtres, et en quels termes vous êtes de vos procès.

C'est à La Haye, ce samedi 11 de mai.

51. — *De La Haye*, 7 *juillet* 1614.

Madame ma fille, ces trois mots ne vous apprendront pas tant de mes nouvelles comme feront ces honnêtes personnes qui vous les portent. Je vous avois mandé que je m'en allois à Spa, mais le mauvais temps de cette année a fait que tout le monde m'a déconseillé ce voyage. Me voici donc toujours à La Haye, où j'ai plus de repos et d'esprit et de corps que vous n'en avez à Paris à solliciter vos procès, dont j'ai bien envie d'apprendre que vous ayez eu une bonne issue, telle que la vous souhaite votre pauvre maman qui baise vos mains en toute humilité, et par votre permission [celles de Mlle] de la Trémoille. Je la souhaite ici cependant que vous êtes en vos sollicitations (1) ; je m'imagine qu'elle s'y plairoit plus qu'à aller courtiser mess^{rs} les conseillers. Je pense vous avoir mandé que nous avons perdu la comtesse de Solms (2) par maladie. Bonjour, chère fille.

Ce 7 juillet.

52. — *De La Haye*, 2 *septembre* 1614.

Madame ma fille, je participe au contentement que vous recevez de tenir cette chère sœur (1) à Paris. Je m'assure qu'elle vous aidera bien à solliciter, à cette heure que vous êtes près de voir l'issue de ce fâcheux procès. Je vous envoie la lettre que vous avez désirée de mons^r mon beau-fils (2). Je l'ai fait faire sur les

(1) Au sujet du procès contre Madame d'Elbeuf, pour la succession de Laval.
(2) Le Dictionnaire de Moréri ne donne pas moins de treize branches à la maison de Solms ; aussi est-il difficile de dire à laquelle appartenait la défunte.
(1) Madame de Bouillon.
(2) Le prince Maurice.

mêmes termes de la vôtre ; mais pour ce qu'il me la vient d'envoyer toute fermée, je crains qu'il ne se sera souvenu d'y mettre quelque mot de sa main, comme je lui avois dit que vous le désiriez. Il est tellement occupé, à cette heure qu'il est sur son partement pour aller en campagne, qu'il n'a pas le loisir de faire tout ce qu'il désire. Le marquis de Spinola a pris Aix (3) et autres petites villes qui lui ont ouvert les portes. Il est à cette heure devant Wesel (4), où il n'y a garnison ni forteresse : de façon que je crois qu'elle se rendra incontinent, car votre frère n'y peut être si tôt que lui. Il y a ici un ambassadeur d'Angleterre qui assuroit fort que l'armée de Spinola ne marcheroit point. Cela a amusé Messieurs les Etats, et empêché qu'ils n'ont mis la leur en campagne jusqu'à cette heure, que voilà tout le monde si empêché de ce partement que je n'ai loisir de vous dire autre chose, sinon que je prie Dieu de tout mon cœur qu'il vous donne bonne issue de votre procès, et que vous aimiez toujours votre maman comme parfaitement elle vous aime et vous honore et vous baise un million de fois les mains.

A La Haye, ce 2 septembre.

53. — De La Haye, 23 avril 1615.

Je ne sais si je dois croire ce que me rapporte le frère de M. Durant (1), qui est arrivé depuis deux jours, que Mme d'Elbeuf n'a point voulu tenir l'accord que vous m'aviez mandé avoir fait ensemble ; cela me met en peine, et [je] vous supplie que je sache ce qui en est. Argoulet (2) est arrivé seulement depuis deux jours, qui a demeuré longuement malade en chemin. Je lui rendrai ici tous les bons offices que je pourrai.

Au reste, tout ce que j'ouïs, et par paroles et par écrit, ne

(3) La ville d'Aix-la-Chapelle avait été mise au ban de l'Empire le 20 février précédent.
(4) Sur le Rhin.
(1) Jean Durant, conseiller du prince-palatin de Deux-Ponts, frère puîné de Samuel, digne ministre de Charenton et excellent prédicateur.
(2) Laquais de Madame de la Trémoille, ainsi appelé parce qu'il avait servi dans les argoulets ou carabins.

chante que tout présage de malheur en ma pauvre patrie, de façon que ce n'est pas pour me faire prendre envie d'y aller; aussi n'en ai-je nulle, mais bien d'user le reste de mes jours ici doucement, à prier Dieu. Nous ne savons encore où nous en sommes pour les affaires de Julliers. On ne veut pas rompre la trêve, aussi n'exécute-t-on rien en l'accord, et prévoit-on que l'on ne veut sinon couler le temps.

J'ai vu le ballet de Madame (3) imprimé, que je trouve parfaitement beau, et regrette que Mlle de la Trémoille n'en ait été. Il me tarde d'apprendre le retour de M. de la Trémoille. Tout le monde me dit que Mme la maréchale de Fervaques va épouser M. de Soubise, mais je ne le crois pas. Nous attendons ici dans peu de temps M. [le prince] et Mme la princesse d'Orange. Je vous donne mille bonjours, chère fille.

Ce 23 d'avril.

54. — *De La Haye, vers juillet* 1615.

Madame ma chère fille, j'apprends avec beaucoup de regret que vous êtes toujours à la poursuite de vos procès. Je vous en plains infiniment, car je crois que c'est un des plus fâcheux exercices du monde; encore pourvu qu'il plaise à Dieu que vous en ayez une bonne issue, vos peines ne seront pas tant à plaindre. On m'a dit que l'on vous a, ces jours passés, donné une mauvaise, mais, Dieu merci, fausse nouvelle, de la mort de M. le comte Guillaume (1), et que même vous en avez pris le deuil jusqu'à ce que le comte Jean, votre cousin, a passé à Paris, qui vous l'a fait laisser. Je ne sais qui s'est plu à vous donner cette alarme. Il se porte bien, Dieu merci, comme font vos frères et moi aussi, à ma rate près.

Je désire bien de savoir si M. de la Trémoille est sur son retour, et me fâche d'apprendre par vos lettres que votre petit soit devenu d'humeur si mélancolique. Si est-ce qu'il est bien où il peut avoir de toutes sortes de divertissements pour lui rompre cette humeur, et crois que vous n'y oubliez rien. Pour Mlle de la

(3) Elisabeth de France, fiancée de Philippe IV, roi d'Espagne.
(1) De Nassau.

Trémoille, je crois que vous pensez à cette heure à la marier, et à mon avis vous ne trouverez pas tant de difficultés que moi à marier votre frère. Je vous assure que cela me travaille bien l'esprit de voir passer les années, et par conséquent la fin de mes jours approcher, sans voir nul acheminement à une chose que je désire passionnément. Je m'assure bien que si vous y pouviez aider que vous n'y plaindriez vos peines non plus qu'à vos procès. Ce ne vous est peu de contentement d'avoir M. de Bouillon auprès de vous, mais il seroit encore plus grand s'il étoit accompagné de Mme de Bouillon, que je pense qui, de son côté, s'ennuie bien d'être si longtemps absente (2) et de lui et de sa petite troupe, qu'elle a laissée à Sedan.

On ne nous parle ici que de préparatifs qui se font pour le voyage des mariages (3). Je crois bien que vous ne serez pas de celles qui y accompagneront la Reine. Pour moi, je me trouve si bien en Hollande que je n'ai point envie d'en partir, si ce n'étoit que je vous puisse rendre du service ; car pour cela j'irois au bout du monde, étant toujours la bonne maman.

Je vous demande, Madame ma chère fille, ma foire de Saint-Germain (4) ; mais savez-vous de quoi ? C'est de votre beau portrait. Mais je voudrois bien qu'il fut de la main de Ferdinand (5), car je trouve que c'est lui qui vous fait le mieux ressembler ; et qu'il soit, s'il vous plaît, de la grandeur de la ficelle que je vous envoie. La hauteur est toute la ficelle, et le petit nœud c'est la largeur. Tout le monde s'étonne que je ne l'aie point. J'ai bien ce petit vent Boreas, qui fut fait quand vous étiez petite.

55. — *De La Haye*, 23 *septembre* 1615.

Madame ma fille, je viens de recevoir un paquet de vous et de Mme de Sainte-Croix (1) par un courrier qui repart si

(2) Elle était alors à Turenne.
(3) De Louis XIII et de l'aînée de ses sœurs Elisabeth, auxquels la bénédiction nuptiale fut donnée en l'église cathédrale de Bordeaux, le 18 octobre à la princesse, et le 24 novembre au roi. Le prince de Condé avait refusé d'être du voyage.
(4) C'est-à-dire un cadeau, comme l'on s'en faisait lors de cette foire.
(5) Ferdinand Elle, de Malines, peintre des belles dames de la cour.
(1) Flandrine de Nassau, abbesse de Sainte-Croix de Poitiers.

promptement que je n'ai loisir que de vous dire que je les ai reçus. Je savois bien que vous étiez à Poitiers, mais vous nous eussiez fort obligés, vos frères et moi, de nous mander des nouvelles de messieurs vos enfants, et particulièrement de M. de la Trémoille. J'apprends par cette dépêche l'extrémité de la maladie de M. de Rohan, dont je suis en extrême peine, et me réjouis de ce que Madame se porte beaucoup mieux, à ce que l'on me mande. Pour le mariage dont vous me parlez de la maréchale de Fervaques, jamais rien ne m'a plus étonné; elle achète chèrement sa principauté. Pardonnez-moi si je vous dis que c'est trop faire la femme d'Etat d'être si secrète que, jusqu'à sa mère, ne mander pas un pauvre mot de nouvelles, mêmement de vos enfants. Je ne puis vous en dire davantage, car ce courrier part.

Ce 23 septembre.

56. — *De La Haye*, 18 *mars* 1616.

Madame ma fille, j'apprends que vous plaignez que vous n'avez point eu de réponse aux lettres que vous aviez adressées à M. de Langherac (1) pour me faire tenir. Si n'ai-je pas manqué à vous écrire; et faut dire que mes lettres aient été mal adressées. Si les ai-je données à personnes que je sais les avoir portées sûrement jusques à Paris; il faut que ce soit de là qu'elles aient couru fortune. Je m'en vais en écrire à Mᵐᵉ de Ricey, car c'est à elle que je les envoyois. Cette-ci sera par M. de Langherac, puisque c'est par lui que j'apprends que vous êtes femme d'Etat, et que vous êtes employée à la conférence de la paix (2), en laquelle la Reine, mère du Roi, a trouvé bon que vous fussiez. Je m'assure bien que si les choses s'y passent par votre souhait, que nous l'aurons. Je me réjouis bien fort de ce que ceux qui en écrivent du bien, même et entr'autres M. de Villeroy (3), mandent que M. de Bouillon y

(1) Ambassadeur des Pays-Bas à Paris.
(2) Tenue à Loudun, en Poitou.
(3) Nicolas de Neuville, célèbre et habile ministre depuis le règne de Charles IX.

est fort porté; pour moi, c'est chose dont je n'ai jamais douté.

Je ne sais si le bruit aura été jusqu'à vous d'un mariage dont on parle fort pour mon fils, votre frère (4). Nous avons envoyé Beaumont vers M. le prince d'Orange, pour en savoir sa volonté devant que d'en parler plus avant, et attendons d'heure à autre son retour pour soudain après en avertir M. de Bouillon et vous et recevoir vos bons conseils; de façon que jusqu'alors ce que je vous en écris demeurera, s'il vous plaît, à vous. Mme l'Electrice, votre bonne sœur, est celle qui pousse le plus à la roue, de façon que vous pouvez bien juger en quel pays et qui ce peut être. Vous savez comme le mariage de Mlle d'Orange est accordé. Nous avons reçu, depuis deux jours, lettres de monsieur son mari qui sera, qui témoigne être fort content. Je vous assure que je la serai bien aussi lorsque je verrai votre frère en même état. Faites-nous la paix bientôt, afin que nous puissions nous assembler, peut-être tous, en Allemagne, comme M. de Bouillon l'a souvent proposé. Sur cette bonne espérance, je vous baise bien humblement les mains, tant de ma part que de celle de vos frères, qui disent qu'ils se réjouissent bien fort d'avoir une sœur qui soit grande femme d'Etat. Permettez-moi mes baise-mains, s'il vous plaît, à MM. et Mlle de la Trémoille.

A La Haye, ce 18 mars.

57. — De La Haye, 25 février 1618.

Madame ma fille, vous êtes de si bon naturel, que je sais bien que vous aurez autant de déplaisir de lire les nouvelles que vous apprendrez par cette lettre, comme j'en ai en vous les écrivant et vous disant que mardi dernier, 20 de ce mois, il a plu à Dieu d'appeler à soi M. le prince d'Orange, votre frère, par un accident si déplorable que c'est ce qui rend encore sa perte plus regrettable. Car, se portant fort bien le lundi ma-

(4) Avec Anne-Eléonore de Hesse-Darmstadt. Henri de Nassau en fit même part à sa sœur, par lettre du 12 juin suivant; mais ce mariage manqua, et la princesse devint, le 4 septembre 1617, femme de Georges, duc de Brunswick-Lunebourg.

tin, il voulut.prendre un lavement pour assurer encore davantage sa santé, à cause qu'il vouloit faire un festin. Ce remède lui fut si mal donné (1) que, soudain qu'il l'eut pris, il
lui vint une telle inflammation dans les boyaux que la gan-
grène s'y mit; et quelque remède que l'on y ait pu apporter, il
n'a pas plu à Dieu qu'il ait vécu davantage que jusqu'au lendemain après-midi. Cela est arrivé à Bruxelles, d'où Mme la
princesse d'Orange nous avertit de ce triste accident. Nous
avons, ses frères et moi, d'autant plus de regret qu'il soit [ar-
rivé en] un lieu où nous ne pouvons lui aller rendre ce que
nous lui devons (2).

On dit qu'il a fait testament, mais estimé clos et cacheté;
nous ne savons encore ce qu'il porte. J'envoie cette lettre à
Mme de Bouillon pour la vous faire tenir, parce que je crois
qu'elle vous sera plus tôt rendue par son moyen que par autre
voie. Je vous en envoie une de M. de Hanau (3), que je vous
ai gardée longtemps parce que j'attendois toujours votre retour à Paris, ne sachant où vous prendre ailleurs. Je vous
baise les mains en toute humilité, et prie Dieu vous avoir en
sa très-sainte garde.

A La Haye, ce 25 de février.

58. — *De La Haye*, 14 *mars* 1618.

Madame ma fille, vous voilà donc de retour à Paris; et [je]
vois par vos lettres que la première nouvelle que vous y avez
apprise, ç'a été la triste mort de M. le prince d'Orange, votre
frère, à la vérité si étrange et si prompte, que je ne puis encore
cesser de m'en étonner. Je vous en avois avertie incontinent

---

(1) Voici sur cette mort quelques détails empruntés à l'*Histoire d'O-
range*, par J. de la Pise : « Son médecin, Fleurice, lui ordonna lavement. Grégoire, son chirurgien allemand, le lui donne; et voulant loger le canon de la syringue, qui étoit d'argent, il le pousse de telle im-
pétuosité, etc., etc... La douleur tira un grand cri de la bouche du prince
avec ces paroles : « *Ah! tu m'as tué!* » Il fut vrai... Le chirurgien es-
quiva et se sauva, autrement on l'eût mis en pièces... Le médecin s'alla
cacher de honte... Jamais Louis XI ne fut plus mal mené par Jacques
Coitier que ce prince par Fleurice. »
(2) A cause de la guerre.
(3) Philippe-Maurice, neveu de Madame de la Trémoille.

après que nous l'eûmes entendue, mais j'avois envoyé mes lettres à Mme de Bouillon, pour les vous faire tenir, ne vous croyant pas encore à Paris. Vous savez bien, comme je crois, que Mme la princesse d'Orange veut fort troubler la succession (1), se voulant servir d'un codicille que l'on fit écrire lorsque monsieur votre frère étoit prêt à rendre le dernier soupir, de façon qu'il ne l'ouït lire ni le signa. Chose qu'il dit notamment en son testament, en trois ou quatre lieux, [c'est] qu'il ne veut point, s'il se trouve quelque codicile, ou autre acte où il disposât de son bien, qui ne soit point signé de lui, que cela n'ait nul lien. Il se trouve aussi un testament de feue Mme la comtesse de Hohenlohe (2), par où, en cas que mons^r son frère meure sans enfants, qu'elle fait son héritière universelle la fille aînée de M. le prince de Portugal. Voilà comme, de tous côtés, M. le prince d'Orange à présent (3) est attaqué, de façon qu'il s'en va avoir de grandes affaires, et bien lui prend d'avoir la tête bien faite. Et outre ses affaires particulières, il a celles du général, qui sont celles qui le tourmentent le plus; mais j'espère que Dieu, par sa sainte grâce, l'assistera en toutes. Je ne vous mande rien de votre jeune frère, car il m'a dit qu'il vous écriroit.

Je viens d'apprendre que le palais de Paris a été brûlé (4). J'ai grand'peur que vous y ayez perdu de vos papiers. C'est une grande perte pour le général et pour beaucoup de particuliers qui y auront eu leurs papiers. Vous aurez su comment ceux d'Orange ont fait le serment de fidélité à mons^r le prince d'à présent.

Je suis, Madame ma fille, votre humble mère à vous faire service.

Je baise les mains, avec votre permission, à Mlle de la Trémoille.

C'est le 14 de mars.

(1) Ils n'avaient pas eu d'enfants.
(2) Sœur germaine du défunt, morte en 1616.
(3) Maurice de Nassau.
(4) Le 7 mars, vers une heure après minuit, par le feu du ciel. L'incendie dura un jour et demi.

59. — *De La Haye*, 1ᵉʳ *juin* 1618.

Madame ma fille, je veux espérer, puisqu'il ne vous restoit plus de votre maladie que la foiblesse, qu'à cette heure M. de Marquet, que vous connoissez, vous trouvera du tout saine, ce que je désire de tout mon cœur. Ledit Sʳ de Marquet va trouver le Roi de la part de M. le prince d'Orange, votre frère, pour ses affaires particulières, lesquelles il vous communiquera, et l'état en quoi elles sont entre lui et Mᵐᵉ la princesse d'Orange, de quoi je suis extrêmement fâchée. Il vous dira aussi comme il mène avec lui un page qui est à mon fils, qu'il désireroit bien de placer en France en lieu où il pourroit apprendre les exercices, dont il a déjà bon commencement; mais parce que ledit page, étant cadet de sa maison, n'a pas les moyens qu'il faut pour s'entretenir à l'académie (1), vous l'obligeriez beaucoup si vous et monsʳ votre fils aviez agréable qu'il se retirât auprès de lui, pour prendre ses repas et le suivre, se rendant seulement sujet aux heures où il se faut trouver pour apprendre. Vous l'obligeriez grandement, Madame ma fille, et votre frère et moi prendrions part à cette obligation. Si c'est donc chose qui se puisse ou non, vous ferez pour lui de lui en parler librement.

Or, remettant toute autre chose audit Sʳ de Marquet, je vous baiserai les mains humblement, et, par votre permission, à messieurs vos enfans, fils et fille; et je prierai Dieu vous donner, en parfaite santé, heureuse et longue vie.

A La Haye, ce premier jour de juin.

60. — *De La Haye*, 12 *décembre* 1618.

Madame ma fille, j'ai su par vos lettres, et par ceux qui vous ont accompagnée, le succès de votre voyage jusqu'à Bréda. Je

(1) C'est l'académie-manége établie par le célèbre Antoine de Pluvinel, gentilhomme de la chambre du roi et premier écuyer de la grande écurie, auteur du très-recherché et beau livre *le Manége royal*.

désire bien de savoir si le reste se sera aussi heureusement
passé, et comment vous aurez été satisfaite de la cour de
Bruxelles. Je vous ai extrêmement plainte du mauvais temps
que vous avez eu. Je crois que c'est ce temps qui me fait continuer mon mal de côté, dont je suis au même état que vous
m'avez laissée; mais je n'ai plus la douceur de votre compagnie, qui me faisoit porter patiemment tous mes maux. Nous
avons eu, peu de jours après votre partement, l'arrivée de
de mon neveu de Chatillon, qui est devenu si gros que nous
ne le reconnoissions presque pas. Il ne parle que des contente-
ments de mariage (1). Je lui dis qu'il est plus heureux que
sage, et lui fais de petits reproches de ce qu'il m'a condamnée
sans m'avoir ouïe, et là-dessus Dieu sait s'il s'excuse. Je ne
sais si vous aurez su la mort de celui qui devoit épouser votre
jeune cousine de Hanau, dont la mère (2) me fait de grands
regrets par ses lettres. Votre fils (3) se porte et conduit fort
bien, et ne manque pas au commandement que vous lui avez
fait de me venir voir tous les jours. Que je sache de vos nouvelles, je vous supplie, et en quels termes vous êtes de votre
mariage. Je baise les mains de Mlle de la Trémoille.

Ce 12 décembre.

61. — *De La Haye*, 7 *janvier* 1619.

Je viens de recevoir vos lettres par ce porteur, lequel, en
même temps, me demande sa réponse. Je me réjouis extrêmement de ce qu'enfin vous avez obtins la permission du Roi
pour ce qui étoit tant désiré de tous côtés (1). J'espère que
Dieu bénira le succès de ce saint dessein. J'avois appris, par
vos précédentes, l'octroi que vous en aviez de Sa Majesté, et

---

(1) Il avait épousé, le 13 août 1615, la belle et vertueuse Anne de
Saint-Germain-Polignac. L'aînée de leurs filles, la comtesse de la Suze,
fut une des femmes les plus décriées de la cour et de la ville.
(2) Anne, fille de Frédéric Rhingrave, mariée à Reinhard, comte de
Hanau-Liechtenberg.
(3) Frédéric.
(1) Le mariage du duc de la Trémoille avec sa cousine germaine
Marie de la Tour.

le désir que vous aviez que mon fils se trouvât en cette belle
union, ce que je lui fis entendre, et il me témoigna le désirer
autant que vous sauriez faire. Je lui viens d'envoyer vos
lettres, de Mme de Bouillon et de vous, par lesquelles je crois
que vous lui en faites mention. Il est parti ce matin avec M. le
prince d'Orange pour aller à Utrecht, où je crois qu'ils ne de-
meureront que peu de jours, et pourront être de retour lundi
prochain. C'est pour vous montrer leur union, car M. le prince
d'Orange n'eut pas plus tôt fait dire à son frère qu'il désiroit
qu'il allât avec lui, que soudain il s'y est résolu. Enfin, Madame ma chère fille, ils feront toujours mentir tous ceux qui
diront qu'ils sont mal ensemble.

M. le comte Guillaume (2) a trouvé bon que votre cadet
demeurât ici pendant ce petit voyage; et je crois qu'il est bien
à propos, car son précepteur (3) s'étant trouvé mal, il est à
craindre que l'incommodité qu'ils auront dans ces petits ba-
teaux lui eût causé davantage de mal et qu'il n'eût pu suivre
son maître. Et il n'est pas bon qu'il soit sans lui, car certes et
lui et ce gentilhomme que vous y avez laissé en prennent un
tel soin qu'il ne se peut davantage.

Pour ma santé, Madame ma chère fille, je vous dirai qu'elle
va tous les jours augmentant, grâces à Dieu; ne me restant
plus que de la foiblesse à cette mauvaise jambe sur laquelle
je tombe, car mon mal de côté diminue de jour en jour. Je me
contente de vous dire de mes nouvelles particulières, car pour
les générales, vous savez que je ne suis point femme d'Etat, et
que je ne m'en mêle point. Je sais bien aussi que [plusieurs]
de ceux qui en savent plus que moi n'en laissent rien ignorer
au lieu où vous êtes. Je vous baiserai donc bien humblement
les mains, et vous supplie d'aimer toujours votre pauvre maman. *La Belle Dame toute d'or* et *la Belle Mizelle* sont toujours en la mémoire et en la bouche de la petite Angélique (4),

(2) Sous la direction duquel était placé le jeune Frédéric de la Trémoille, dont le caractère devait dépasser ce que Louise de Colligny appelait les opiniâtretés des Nassau.

(3) Ses lettres, très-intéressantes et d'un bon style, sont signées
M. Berthold.

(4) Probablement la fille de quelque gentilhomme mort à la guerre, et
que Louise de Colligny avait recueillie.

que chacun trouve qui devient tous les jours plus jolie. Vous l'honorez trop de vous souvenir d'elle.

A La Haye, ce 7 de janvier.

Je voudrois que notre bonne Electrice se trouvât à votre mariage, avec quelque belle et vertueuse princesse allemande, et surtout la fille du prince d'Anhalt, que l'on dit avoir toutes ces deux qualités, et que vous fissiez mariage d'un frère et de vos enfants tout ensemble. Je crois véritablement que M. de Bouillon l'y feroit résoudre.

62. — *De La Haye*, 28 *janvier* 1619.

Madame ma fille, votre cher enfant m'a avertie de cette occasion, que je ne puis laisser perdre sans vous dire le contentement que m'ont apporté les lettres que Mibaize (1) m'a rendues de votre part, par lesquelles je connois que vous êtes en terme d'avoir bientôt une belle-fille. Que vous êtes heureuse entre les heureuses de voir monsieur votre fils avoir fait une si belle et bonne rencontre, car je crois qu'il sera parfaitement heureux avec une femme si bien née, sage, vertueuse et bien nourrie comme est celle-ci (2)! Si je voyois un tel bonheur préparé pour mon fils, sans mentir, je crois que j'en mourrois de joie, puisque l'on dit que les femmes en peuvent mourir. Le temps du mariage étant si bref, je crois que vous avez bien jugé qu'il seroit impossible que ni mon fils ni moi ne pourrions pas nous y trouver. Nous y serons donc par nos souhaits, puisqu'il ne se peut autrement, à notre regret.

J'ai parlé à l'autre côté de mariage; je change bien de style par cetui-ci, car c'est pour vous parler de la mort de Mme la princesse d'Orange (3), que nous venons d'apprendre

(1) Serviteur de Madame de la Trémoille.
(2) Aucune n'était plus digne que Marie de la Tour de devenir duchesse de la Trémoille, et d'avoir pour belle-sœur la pieuse et brave Charlotte, depuis comtesse de Derby, du nom de laquelle Walter Scott a si étrangement abusé dans son roman de *Péveril du Pic*.
(3) Eléonor de Bourbon-Condé, morte au château de Muret, près de Soissons, le 20 janvier 1619, onze mois après son mari.
A la suite du passage dont on a lu un extrait (note 1re de la lettre 57),

tout à cette heure. Vous l'aurez plus tôt sue que nous, car vous êtes plus près du lieu où elle est morte. On nous avoit mandé que M. de la Trémoille avoit passé par cedit lieu le 12 de ce mois, ce qui me faisoit étonner que par vos lettres vous ne me parliez nullement d'elle. Je vous assure qu'il s'en est bien parlé ici, et à cette heure plus que jamais, sur le sujet de sa mort; ce que je ne veux pas croire, mais bien que c'est médisance. Vous en pouvez savoir la vérité mieux que nous, et je prie Dieu de tout mon cœur qu'elle soit telle que je la désire. Je crains bien que les affaires que monsieur votre frère avoit avec elle ne seront pas mortes avec elle; au contraire, je crois qu'il aura une plus forte partie en M. le Prince. Il faut voir ce que le temps nous apprendra : Dieu conduira tout s'il lui plaît. Je l'en supplie et qu'il vous donne, Madame ma chère fille, tout heur, bénédiction et contentement en votre mariage.

Je suis bien aise [de ce] que les pendans d'oreilles ont été trouvés beaux. Je savois bien que je vous faisois faire un bon marché, et dont vous ne vous repentiriez point.

A La Haye, ce 28 de janvier.

J'écrirai aux nouveaux mariés et à Mlle de la Trémoille par Mibaize.

63. — *De La Haye, le 20 février* 1619.

Madame ma fille, je m'imagine que vous avez passé ce jour de carême-prenant (1) avec plus d'allégresse que nous n'avons

---

J. de la Pise a imprimé : « Plusieurs autres choses se passèrent, sur le point de cette mort (du prince d'Orange), qu'il n'est licite de publier.

« D'autres arrivèrent après, en celle de la princesse sa femme, laquelle survécut de fort peu son mari, qu'il n'est bon d'écrire. Le temps et les années en donneront dispense à quelque autre. »

Voici en quels termes Mademoiselle Anne de Rohan, intime amie de Madame de la Trémoille, lui en parle dans sa lettre du 9 février : « Je me servirai de celle-ci pour vous témoigner le déplaisir que j'ai de la mort de Madame votre belle-sœur, sachant combien vous la ressentez... C'est un malheur qui a bien surpris tout le monde, car cette princesse avoit la mine de vivre cent ans. Cette jeunesse est bien à plaindre, et nous doit faire penser combien est court le cours de cette vie, afin que nous ayons envie de l'employer au service de Dieu. »

(1) Le mardi gras.

fait ici, qui n'avons nul sujet de joie ; et vous à Sedan êtes
pleins d'allégresse, puisque dimanche étoit le jour du mariage de vos chers enfans (2). Dieu veuille bénir cet heureux
hyménée, et vous rendre dans neuf mois grand'maman.

Ce nom vous sera plus agréable que [celui] de *la Belle Dame
toute d'or*. Celle qui vous a baptisée de ce nom est extrêmement malade d'une grande fièvre continue, depuis trois jours.
J'en suis en peine parce que j'aurois un extrême regret de la
perdre, car c'est tout mon petit plaisir, devenant tous les jours
plus jolie. Voilà que l'on me dit que la petite-vérole commence
à lui sortir, qui me fait espérer qu'elle pourra réchapper ; mais
me voilà comme pestiférée en ma maison, car vous savez
comme ce mal est à craindre : partant, chauffez bien cette
lettre en la lisant. On nous dit que l'on fait courir à Paris force
mauvais bruits sur la mort de feue Mme la princesse d'Orange,
et que le pauvre la Grange (2) en est en peine. Vous qui êtes
plus près en pouvez savoir la vérité, et nous obligeriez de
nous l'apprendre. Je suis un peu en alarme de cette maladie
que j'ai chez moi ; qui me fait finir tout court, en baisant les
mains en toute humilité à toute votre bonne compagnie.

64. — *De La Haye*, 22 *février* 1619.

Madame ma fille, je reçus il y a quelques jours un paquet
de votre part, où il y avoit seulement un petit mot pour moi. Le
reste étoit pour le précepteur de mons^r votre fils, qui me dit
que c'étoit l'avis que vous lui donniez de la mort de Mme la
princesse d'Orange, et le commandement que vous lui faisiez
d'en prendre le deuil. Auparavant vos lettres nous avions reçu
cette nouvelle, et M. le prince d'Orange [avoit] prononcé son
arrêt de n'en point prendre le deuil, quelques raisons que je
lui pusse dire pour l'y émouvoir. Et outre ce qu'il n'y a rien
qu'il haïsse tant que le deuil, vous savez que quand il a mis
une opinion en son esprit, il est impossible de [la] lui ôter ; ce

(2) La date du 19 janvier, donnée par le P. Anselme, doit être celle
du contrat, puisque cette lettre indique le 18 février pour le mariage.
(3) Écuyer du prince de Condé, et probablement fils de François de
la Grange, seigneur de Montigny, maréchal de France.

qui nous fit résoudre, au comte Guillaume et à moi, que votre fils ne le devoit donc pas prendre, parce que cela feroit faire beaucoup de jugements qui ne seroient pas à propos; ce qui nous a fait, après votre commandement, continuer encore en notre premier avis; et mons' mon beau-fils m'a donné la charge de vous en faire les excuses de votre fils, afin que vous ne preniez à désobéissance s'il n'a fait ce que vous lui commandiez.

Mais mon Dieu, chère fille, que dites-vous de cette mort? On nous dit des choses sur ce sujet que je ne puis ni ne veux croire. Je vous ai déjà suppliée, comme je fais encore, chère fille, de me mander la vérité de cette histoire. Il importe beaucoup à votre aîné de la savoir, et vous l'obligerez grandement de lui faire entendre. Il sait bien l'intérêt que vous avez qu'il ne soit su qu'il en ait appris quelque chose de vous (1), mais vous savez combien il est discret et secret. Ce gentilhomme m'a promis de vous rendre fidèlement cette lettre, c'est pourquoi je vous écris librement, m'assurant qu'autres yeux que les vôtres ne la verront. Je baise vos mains en toute humilité, et prie Dieu de vous donner tout l'heur et prospérité que vous souhaite votre maman.

Je vous rends mille et mille grâces du beau livre (2) que vous m'avez envoyé de M. Du Moulin.

C'est le 22 de février.

65. — *De La Haye, vers avril* 1619.

Madame ma fille, il n'y avoit point d'apparence que vous vissiez arriver M. de Boissise (1) sans recevoir de mes lettres, bien que dans peu de jours je pense vous écrire plus amplement par Waufin, que je renverrai en France, que j'ai été fort étonnée de voir arriver ici sans m'apporter de vos lettres. J'en viens de recevoir une par le S' de Lambert (2). Je vois

(1) Malgré des demandes aussi pressantes, il est fort douteux que ces renseignements aient été donnés par écrit.
(2) Ce livre du ministre Pierre Du Moulin est probablement le *Bouclier de la Foi*, publié en 1618.
(1) Jean de Thumery, ambassadeur du roi de France aux Pays-Bas, rappelé au commencement de 1619.
(2) Gaston de L., capitaine des gardes de Henri de Nassau.

bien que vous avez l'esprit aussi agité à Paris que vous l'aviez
en Hollande, et certes non sans cause, car c'est un grand malheur de voir la France aux termes où elle est. Dieu veuille
toucher les cœurs à la paix et non à la guerre.

Pour ce qui se passe ici, vous verrez M. de Boissise, qui
vous contera l'état où il nous laisse. J'ai beaucoup de regret
de le voir partir avec si peu d'occasion de contentement; toutefois cela ne l'empêchera point d'apporter le bien en tout ce
qu'il pourra, car vous connoissez sa prud'hommie. Dieu soit loué
de ce que la maladie de M. le Prince (3) n'a pas été de longue
durée. Beaucoup espèrent sa prompte liberté; j'en prie Dieu
de tout mon cœur, et qu'il vous donne toute prospérité. On
m'a dit un serviteur qu'a Melle de la Trémoille (4), mais je lui
en veux faire la querelle à elle-même, par mes lettres.

66. — *De La Haye*, 29 *juillet* 1619.

Madame ma fille, vous pouvez penser si ce laquais iroit les
mains vides pour vous, l'envoyant trouver votre frère, lequel
j'espère qu'il trouvera sur son retour d'Orange (1), et, à mon
avis, qui le pourra trouver ou à Châtillon ou à Château-Renard, où il doit passer à son retour. Je désirerois bien que le
Roi fût à Fontainebleau ou à Paris, afin que votre frère n'eût
point à aller si loin que Tours pour trouver Sa Majesté, qui
lui a fait l'honneur, et toute sa cour, de lui faire un si bon
accueil à son passage qu'il est bien obligé d'y repasser à son
retour. Particulièrement il m'a mandé que mons^r votre fils l'a
logé et traité si bien qu'il n'a jamais voulu qu'il prît autre
logis que le sien et qu'il l'a grandement obligé. En cela il montre
son bon naturel d'aimer tout ce qu'aime Madame sa mère. Ce sera
un grand heur pour mon fils s'il peut trouver Mme de Bouillon
et Mme votre belle-fille à Paris, comme j'ai vu par vos lettres

(3) Prisonnier à la Bastille, puis au château de Vincennes, depuis le
1er septembre 1616, il ne fut mis en liberté que le 20 octobre 1619.
(4) Les noms des prétendants à sa main sont restés inconnus. La
première condition était d'appartenir à la religion réformée.
(1) Henri de Nassau était venu en France pour prendre, au nom de
son frère Maurice, possession de la principauté d'Orange, et faire commencer les fortifications de sa capitale, détruites depuis par Louis XIV.

que vous l'espérez. Nous sommes étonnés ici d'être si longtemps sans avoir des nouvelles de Paris, et moi particulièrement des vôtres. Je n'ai point eu de celles de votre frère depuis Tours, et crois que vous en aurez pu savoir ou de Lyon
ou d'Orange. Si cela est, chère fille, je vous supplie m'en faire
part et des vôtres, s'il vous plaît, [et] de celles de M. le
Prince et de Madame la Princesse, que je m'imagine à cette
heure devoir être accouchée. Je prie Dieu qu'il lui donne un
beau fils (2), et à moi la continuation de votre bonne grâce.

Ce 29 juillet.

Je vous supplie, mandez-moi si vous aurez avisé sur le
voyage de Chelandre (3) et de cette autre fille que je vous
mandois qui pouvoit venir avec elle. Je vous supplie prendre la peine de faire bailler mes lettres à Mmes de Ricey et de
Beringhen (4).

67. — *De La Haye, août* 1619.

.....(1) fermer mon paquet. Je la vous envoierai pour lui
faire tenir, car je crois que ladite la Ferrandière (2) n'est pas loin
de Paris. Souvenez-vous, ma chère fille, de m'écrire incontinent que vous aurez reçu cette lettre, car je vous assure que
je suis bien en peine de votre frère, ayant appris que sa bles-
sure est beaucoup plus grande qu'il ne me l'a mandé par ses
lettres, et que j'ai une extrême crainte que le chemin l'ait em-
pirée. Mandez-moi aussi, s'il vous plaît, le chemin qu'il aura

(2) Anne-Geneviève de Bourbon, dont la princesse de Condé accou-
cha, seulement le 27 août, au château de Vincennes, où elle était allée
partager la captivité de son mari, fut la belle et audacieuse duchesse de
Longueville.
(3) Plusieurs filles et femmes de cette nombreuse famille, illustrée
par le guerrier-poëte Jean de Schelandre, ont fait partie de la maison
de Mesdames de Bouillon et de la Trémoille.
(4) Madelaine Bruneau, femme de Pierre de Beringhen, seigneur
d'Armainvilliers et gouverneur d'Etampes. Elle était sœur aînée de la
célèbre Madame des Loges.
(1) Il n'a été retrouvé que le dernier feuillet de cette lettre, relative
à un accident éprouvé par Henri de Nassau, à son retour d'Orange.
(2) Maison où il avait été transporté.

pris au partir de Paris, car si le Roi est à Poitiers (3), comme
on me le mande, c'est bien pour alonger son voyage. Je m'assure que vous n'aurez pas manqué à lui représenter que cette
chute lui doit servir d'avertissement pour se bien recom-
mander à Dieu soir et matin. A toutes heures je le supplie
qu'il nous ait tous en sa sainte garde. Je vous rends mille
grâces du beau livre que vous m'avez envoyé, à quoi je prends
un extrême contentement. Que je sache si vous êtes guérie de
votre gratelle, car M. Du Maurier (4) m'a dit que vous en
étiez encore tourmentée.

68. — *De La Haye*, 7 *mars* 1620.

Madame ma fille, j'ai appris, par des lettres que Mme de Chelandre a écrites à sa fille, que vous étiez à Paris, de quoi je
me réjouis bien fort étant en espérance, avec l'aide de Dieu, de
vous y voir bientôt, car je n'attends pour partir que de savoir
que j'y aie un logis ; car je crois bien que je ne pourrai pas
loger en celui de Mme de Ricey, parce qu'elle m'a mandé qu'elle
étoit contrainte de le vendre. Je serois bien aise d'être logée
près de vous. Je mande à celui qui fait mes affaires à Paris qu'il
en communique avec vous, et vous supplie, Madame ma fille,
de lui en donner votre avis. On m'a dit qu'il y a des gens qui
ont loué celui de M. de Bouillon. Si cela n'étoit point, je le
supplierois de me le prêter pour quelque trois ou quatre mois
que je pourrai être en France. Or je remets le tout sous votre
bonne conduite et prie Dieu, Madame ma fille, vous donner
heureuse et longue vie.

A la Haye, ce 7 de mars.

---

(3) Louis XIII arriva à Poitiers le 20 août et en partit le 22, pour
Tours.
(4) Aubéry du Maurier, ambassadeur ordinaire de France aux Pays-
Bas.

EXTRAIT DE LETTRES

REÇUES PAR

LA DUCHESSE DE LA TRÉMOILLE

SUR LA MORT DE SA BELLE-MÈRE

I. — M. DE SEAUS, 29 *novembre* 1620.

« Cependant nous avons perdu Madame la princesse d'Orange, dont j'ai un extrême regret pour l'honneur qu'elle a fait à feue ma mère (1) de l'aimer, et à toute notre famille de nous tenir pour ses serviteurs; et aussi pour le déplaisir que je sais que vous en avez reçu... »

II. — Mme LA DOUAIRIÈRE DE ROHAN, 4 *décembre* 1620.

« Madame, encore que l'honneur et service que de longtemps j'avois voué à Madame la princesse d'Orange, et l'étroite amitié qui avoit toujours été entre nous fut assez suffisante pour me faire recevoir une extrême affliction de la perte que nous avons faite d'elle, si est-ce que je vous puis assurer que la considération de votre déplaisir augmente encore beaucoup le mien, ne doutant point que la vertu et bonté d'une telle princesse, qui se faisoit aimer et honorer de ceux mêmes qui ne lui touchoient point, ne vous laisse, en la perdant, un regret digne de son mérite; qui me fait craindre que ce triste accident ait apporté quelque altération à votre santé. C'est ce qui me fait vous envoyer ce gentilhomme, présent porteur, pour en savoir des nouvelles et non, Madame, pour vous apporter consolation, dont je suis si dépourvue pour moi-même qu'il seroit

(1) Charlotte Baillet, femme de Louis Potier, baron de Gesvres.

malaisé que j'en pusse départir à personne, étant plutôt disposée à exhorter tous ceux qui ont connu celle que nous regrettons de n'en perdre jamais la souvenance ni le regret, quant et quant, que non pas d'essayer à leur diminuer l'un ni l'autre. Je ne vous puis donc offrir que des larmes sur ce sujet, avec la continuation du bien humble service que je vous ai de longtemps voué... »

III. — Mlle HENRIETTE DE ROHAN, 4 *décembre* 1620.

« Madame, j'ai l'esprit si abattu de regret et d'étonnement de la perte que nous avons faite de Madame votre belle-mère, que je ne sais par où je me dois prendre pour vous en parler ; car de vous y donner de la consolation, j'en aurois besoin moi-même. Ce sera donc en la plaignant et joignant mes larmes avec les vôtres : vous assurant, Madame, que je les tire du profond de mon cœur pour la pleurer. Son mérite et sa bonté m'y obligent, et de plus les témoignages d'amitié qu'elle nous a toujours montrés ; et outre tout cela, votre considération encore m'augmente mon déplaisir. Dieu nous en veuille toutes consoler... »

IV. — Mme LA DOUAIRIÈRE DE ROHAN, 16 *décembre* 1620.

« Madame, le déplaisir que j'ai du vôtre ne mérite que vous m'en sachiez aucun gré, puisque c'est mon affection qui m'y pousse et qu'il n'est point en mon pouvoir d'y manquer. Bien vous supplierai-je croire qu'avec ma perte je plains la vôtre, comme celle qui compatirai toujours à tout ce qui vous adviendra de bien et de mal ; ce que je fais à l'heure présente sur le sujet de ces fâcheuses nouvelles de Bohême (1), desquelles, outre l'intérêt général, je porte un extrême ennui pour ce que cela regarde votre particulier et celui de vos plus proches... »

V. — Mlle ANNE DE ROHAN, 16 *décembre* 1620.

« Madame, la véritable amitié que vous portiez à Madame votre belle-mère, et le regret extrême que vous en témoignez, me fait

(1) L'Electeur palatin, couronné roi de Bohême, était neveu de Madame de la Trémoille.

croire que vous n'aurez désagréable que je vous dédie les *Regrets* (1)
que j'ai donnés à sa mémoire. Je sais bien, Madame, qu'ils ne sont
dignes ni de son mérite ni de votre vue, mais je me promets que
vous aurez en ceci égard à mon affection et non pas à ma science,
l'une surpassant l'autre de beaucoup... Je crains bien que la tristesse de votre esprit ne nuise à la santé de votre corps, qui, je crois,
n'a point été bien depuis la mort de cette bonne princesse que nous
plaignons. C'est pourquoi je vous envoie ce laquais pour savoir de
vos nouvelles; vous assurant, Madame, que je voudrois bien pouvoir en aller prendre moi-même... »

(1) Cette pièce de vers n'a pas été retrouvée.

Paris. — Typ. de Ch. Meyrueis, rue Cujas, 13. — 1872.

APPENDICE

—

Quoique les seize lettres suivantes aient des renvois qui en font des Pièces justificatives, elles sont publiées surtout comme complément de notre travail sur Louise de Colligny, et afin de montrer l'intérêt qu'offre la volumineuse correspondance de la duchesse de la Trémoille, trésor presque inépuisable pour l'histoire des règnes de Henri IV et de Louis XIII. Elles font aussi connaître la vie privée, le caractère et l'instruction des enfants les plus connus de Guillaume le Taciturne, notamment de ses trois filles qui sont devenues tout à fait Françaises. La comparaison de leurs lettres avec celles des membres de la famille de Condé n'est peut-être pas à l'avantage de ceux-ci, malgré les éloquentes plaintes de la Princesse douairière sur la mort de sa fille et la captivité de son fils. Curieuse par ses détails comme par son style, la lettre du duc de la Trémoille témoigne de son amour passionné pour la belle et vertueuse femme qui devint veuve à vingt-cinq ans, et ne voulut pas se remarier.

Avec addition de quelques accents et d'une ponctuation indispensables, nous reproduisons scrupuleusement le texte de ces autographes, dont l'écriture, à part celle des ducs de la Trémoille et de Bouillon, est bonne quoique courue. Leur orthographe est souvent défectueuse, ainsi que nous l'avons constaté pour les lettres de Louise de Colligny ; mais pas plus, souvent même moins, que celle des grands personnages, et aussi de quelques-uns des grands écrivains, hommes et femmes, du siècle de Louis XIV.

———

1. — MAD^elle DE NASSAU LA JEUNE ; 23 *aout* 1595.

(Voir pages xii, xiii et 20.)

A Madamoyselle ma seur Madamoyselle Brabant de Nassau.

Madamoyselle ma chere seur, je ne doute pas que vous no vous trouez bien estonné d'estre as cest heure si seule, veu tant de companie que vous avez eue estant en France. Plut a Dieu, chere seur,

8

que je fussent auprès de vous, pour vous ayder a passer le temps ; tousjour je vous ferois bien un peu rire des contes que je vous ferois. Je pense que mon serviteur sera bientost auprès de vous, s'il ne l'ayt deja, qui vous dira fort de mes nouvelles. Je l'ay prié de vous prier de ma par, comme je vous prie encore unne milion de fois, de me faire tant de bien, que puisque je n'ay pas cest heur de vous voir, que pour le moins j'aye vostre pourtrait. J'ay esté bien marrie, chere seur, de voir par celle que vous m'ecrivez que vous vous estes porté mal, et suis bien ayse de ce que vous vous portez a cest heure mieux. Je prie a Dieu qu'il vous veille rendre vostre senté ausis bonne que je le desire de tout mon cœur. Mendez moy, je vous prie, où ma seur madamoyselle d'Orange (1) est as cet heure, et si elle est encore auprès de madame la contesse de Holoc (2), ma seur.

Nous sommes as cest heure a la chase. Madame l'Electrice a lessé les deux petites a Haydelberc, qui ce porte fort bien, Dieu merci. Madame est devenue fort vaillante ; elle tire tous les jours après les cerf. Elle vient tout as cest heure de partir pour aler a la chase. Je n'y pren pas fort grant plaisir ; je pence que c'est pour ce-que je le vois si souvant.

Adieu chere seur ; aimez moy tousjour bien et croyez que je le fais extremement et que il n'y a rien que je desire tant au monde que de vous voir. Chere seur je pence que je ferois bien comme mon peti frere : je ne sorois parler de joye. Adieu encore unne fois. Je demeureray toute ma vie, chere seur, vostre humble et obeissante seur a vous faire service

AMELIA DE NASSAU.

Je vous prie de baiser très humblement les mains de ma part a Madame (3), et luy supplier de n'euser point d'escuse en l'endroit de moy, et luy supplier bien humblement de me tenir tousjour o nom-bre de ses très obeissante fille. Je vous prie de faire mes bien affec-tionné recommandation a madamoyselle Daverli (4), et la prier de croire que là où j'oray moyen de luy faire plaisir en quelque chosse que je le feray tousjour de bien bon cœur, et qu'elle s'asure

---

(1) Voir plus haut, page 20, notes 5 et 7.
(2) Marie de Nassau, comtesse de Hohenlohe.
(3) Louise de Colligny.
(4) Je me suis trompé, page 5, note 4, en la disant demoiselle d'honneur au lieu de gouvernante de Charlotte Brabantine. Mariée et mère de famille, je la crois bru de François d'Averly, seigneur de Minay, qui avait représenté, le 12 juin 1575, l'Electeur-Palatin, Frédéric III, au mariage de Charlotte de Bourbon-Mont-pensier avec Guillaume le Taciturne.

que j'ayme fort sa fille. Marie m'a prié de vous baiser très humblement les mains de sa part.

A Franquedale (1), le 23 d'aout.

Chere seur, je vous prie de m'envoyer la receptes des poudres
que nous metion en Holantde aux thaches de rosse, et la quantité,
pour madame l'Electrice.

2. — LA PRINCESSE D'ORANGE; 18 *janvier* 1598.
(Voir p. xv.)

A Monsieur de la Trimouille.

Monsieur, je croy que la plus agreable nouvelle que je vous puisse
mender, c'est que vostre maistresse a passé la mer et que j'espere la
vous mener bientost; mais il est besoing que nous sçachions de vos
nouvelles au paravant, pour sçavoir où il vous plaist que nous nous
rendions. Cependant nous yrons passer a Paris, où est monsieur de
Monpensier, là où je le cajoleray sy bien que, s'il y a moyen, j'optien-
dray ce que le sieur Chauveau m'a dit que vous desirés; et ay estimé
qu'il seroit a propos qu'il nous atendist a Paris, pour vous porter la
resolution que j'en pouray tyrer. J'avertys le Roy, par le sieur Chauveau, de nostre arivée. Et par ceque j'ay apris que Sa Majesté sera
partye de Paris devant que nous y arivions, et qu'elle m'a commandé
espresement, par ses lettres, que j'allasse recevoir ses commande-
mens et luy mener mon fils devant que passer oultre, je le supplye de
me commander en quel lyeu y luy plaist que nous l'alions trouver. J'ay
pensé qu'il seroit a propos, et que mesme cela vous serviroit, que
ce fut ledit Chauveau qui luy portast ceste nouvelle. Enfin croyés,
Monsieur, que je n'oublyray rien de tout ce que je jugeray estre
pour vostre service et pour l'avantage de vous et de ma fille. Et en
esperance de vous voyr bientost, voyla tout ce que vous arés de
moy pour cest heure, qui suis, Monsieur, vostre plus humble et
obeissante cousine

LOUYSE DE COLLIGNY.

De Dyepe, ce 18 janvyer.

Monsieur (2), Madame ma belle mere m'a fait l'honneur de me
permettre de vous faire ce mot en sa lettre, pour vous dire que nous
sommes arivée, après beaucoup de mal, en cette ville. L'esperance

---

(5) Franckendal, près Heidelberg.
(1) Secrétaire du duc de la Trémoille.
(2) Ce post-scriptum est de la main de M⁽ˡˡᵉ⁾ Brabantine.

que j'ay d'avoir bientôt l'heur de vous voir, et de vous escrire bientôt par monsieur Chauveau, fera que je ne vous diré autre chose,
sinon que je suis, Monsieur, vostre bien humble servante a vous
faire service.

3. — La princesse d'Orange; *fin de janvier* 1598.

(Voir p. xv.)

A monsieur de la Trimouille.

Monsieur, nous sommes non seulement en France, mais a Paris,
a la court et qui plus est aus festins. Hyer le Roy me fist commander
espresement qu'il vouloit que je me trouvasse chez Zamet, a souper;
j'y alay donc avec Madame (1). Au partir de là, monsieur le Grand (2)
prya toute la compagnye, et nous particulyerement, de fason que
chacun juge que nous ne nous en pouvons defendre. J'en voy qui
sont faschées de n'estre point pryées; pleust a Dieu que je leur
peusse donner ma place, ils seroyent contentés et moy aussy. De-
livrés nous bientost, Monsieur, de ses paynes, autrement nous en
mourons, car nous ne sommes pas acoutumées a ses veilleries, et
principalement après un sy long et sy fascheus voyage; mais il n'y
a point moyen de voir ny de parler au Roy, a cest heure, qu'en ces
lyeus là. Hyer au soyr, Sa Majesté me commanda de vous escrire
que non seulement elle aprouvoit vostre mariage et le trouvoit bon,
mais que mesme il pouroit bien, sy vous l'en pryés, s'y trouver; et
que je vous mandasse qu'il desiroit de vous voyr, et que sy je vous
aymois, comme il le sçavoit bien que je faysois, que je le vous de-
vois conseiller. Vous y avizerés, Monsieur; et moy je vous diray
que soudain que nous sçarons de vos nouvelles, nous partirons,
mais mandés nous par où et où vous voulés que nous nous ran-
dions. Pour moy, il me semble qui sera bien a propos que ce soit a
Saumur : chacun aprouve que vostre mariage ce face là (2). Je n'ay
point encore resolution de monsieur de Monpensier, sinon qu'en
gros : il m'assure qu'il veut faire beaucoup pour sa chere cousine.
Je ne luy ay encore rien particularizé aussy, car y m'a pryée que
nous ne parlassions point d'afayre jusques après caresme prenant,
car on ne parle icy que de festins et de balets. Madame la Princesse
vostre seur nous a fait trop d'honneur : elle a pris la payne de venir
au devant de nous jusques par delà Saint Denys; mais nous sommes

(1) Sœur de Henri IV.
(2) Le duc de Bellegarde, grand écuyer.

sy estourdyes de nostre voyage et avons tant visitées de compagnyes
qui n'y a point de moyen que nous ly puissions randre ce que nous
luy devons. Ma fille l'a veue seulement une fois en son logis, mais
moy je n'ay encore esté voir que Madame. Encore un coup, envoyés
nous bientost querir, et croyés que je n'oublyray rien pour vostre
service ; assurés vous en comme d'une autre vous mesmes. Monsieur Chauveau vous tesmoignera que j'ay fait ceste lettre a plus de
mile foys. Je remets le reste a luy, Monsieur, et suis vostre cousine,
vostre servante, et bientost vostre mere, sy plaist a Dieu,

Louyse de Colligny.

4. — L'Electrice Palatine ; 14 mai 1598.

(Voir p. xii, xv.)

A Madame ma sœur Madame la duchesse de la Trimouille.

Madame ma seur, il me séroit inposible de vous exprimer le contantement que j'ay reçu d'antantre, par les lestres de monsieur de
Tontorf (1), l'honneur qu'il a eu de c'estre trouvé a vos nosse, et de
ce qu'il me mande qui ce sont faictes et passé très heureusement,
et que possedés a cest heure l'amytié d'un très digne mari, plin de
toutes les vertus que l'ong pourois desirer, et que vous avés esté
receu de tous ces serviteur et subjeit aveit beaucoup d'alegresse. De
coy, ma très chere seur, je loue Dieu de tout mon cœur de toutes
ces graces qu'il vous a faictes, le supplien qu'il luy plaise de vous
continuer sa benediction et vous donner tout l'heur, prosperité et
contantement, en l'estat où vous estes a cest heure, a l'egal de ce
que je vous desire de toutes mes affections. Vous assurant, chere
seur, que votre contantement est le mien propre, et que vous n'an
auray jamais plus que je ne vous en desire encore davantage ; me
tardant fort que le sieur de Tondorf ne soit de retour, pour ap-
prandre plus particulierement de vos nouvelles et de celles de monsieur vostre mari, le quel je soueste extremement de connoistre
aussi bien de veue que je le faist par sa belle reputasion. Cependant, chere seur, faicte, je vous supplie, que je ne layse pour cela
d'avoir part en sa bonne graces, mesme la pourchacés telle qu'il
croie qu'il n'a seur qui l'honnore plus que moy et qui desire tant de
luy pouvoir randre service. Monsieur de Tontorf m'a envoié le laquais
que monsieur vostre mari luy avoict donné, avec les chins pour

(1) Gentilhomme de l'Electeur-Palatin.

monsieur mon mari, a cause qu'il estoit encore insertin de son partement de Paris. Croiés que s'a esté a monsieur mon mari un presant très agreable et qu'il ayme bien et de coy il se sant obligé a monsieur vostre mari bien fort; et faut que Grifon soit toujour en sa chambre. Plut a Dieu que ces deux frere ce puisse voir quelque jour, ce que j'espere ce poura bien faire encore.

Chere seur, je ne vous puis tayre l'esperance en coy je suis d'aler bientot en Holande, si Dieu nous continue en l'etat où nous sommes. Vous pouvés penser le contantement que ce me sera, si cela ce fait, de voir mon frere. Une chose je regrete infiniment de ce que Madame ma mere n'i est point; et plut a Dieu que ces affaires puisse permestre son retour. Ce me seroit un très grant contantement, chere seur. Je vous ay escrit depuis que vous estes en France; mandés moi, je vous supplie, si vous les avez reçu. Nous sommes depuis cinq semaynes arivé ycy, où l'er est a cest heur fort bon. Monsieur mon mari et mes enfans ce portes tous très bien, Dieu merci, comme vous poura dire le laquais de monsieur vostre mari, qui les a tous veus. Ma très chere seur, je vous supplie de me faire souvent part de vos nouvelles, car croiez que ce m'est beaucoup de contantement d'an entandre : vous supplient que le sangement d'etat ne me sange rien en vostre amitié, mais que g'i aye toujour la mayme part; vous assurant que de moy il ne seroit posible de vous aymer plus que je ne faist. Et que pleut a Dieu, chere seur, que je vous en peuse randre preuve comme je le desire; croiez que vous connoisteriez que mes paroles sont veritables et que personne n'est plus dedié a vous faire service, Madame ma seur, que votre bien humble et tres affectionnée seur a vous faire servise

LOUISE JULLIENNE, ELECTRICE PALATINE.

De Heydelber, ce 14 de may, au vieux cetile, 1598.

5. — LE DUC DE LA TRÉMOILLE ; 27 juin 1598.
(Voir p. 2, 4 et 5.)

A Madame de la Trémoille, duchesse de Touars.

Madame, je croy que nous orons aujourduy Madame vostre belle mere; si je n'alois a Saint Jermain, je yrois audevant d'elle. Je vous mandois que ma perrie devoit passer, mais la haine de la religion est telle qu'elle est remise après la verification de l'esdict (1), où l'on

_____

(1) L'Edit de Nantes. Pour la Pairie, voir p. 14. Les Lettres de Jussion sont datées du 3 juin 1598.

se prepare de faire forses oposisions. Le Roy m'a acordé une ju-
sion. Jamais vous ne vites tant de brouilleries qu'il i en a en seste
court parmi les dames, qui se mellent a bon essient avec les
hommes. Je desire fort de vous voir. Le Roy a pris une grande
alarme de la venue de Monsieur le Prince en seste ville et le l'a ren-
voyé soudin ; ses mefienses croisent, et ne voy gueres de moyen de
les eviter et encorre moins de faire affaire y sy. Je fais tout ce que
je puis pour y faire les mienes, mais je n'i voy nul coumensement.
Je n'ai jamais su avoir asignasion de vostre robe de noses ; pour ma
pension, je y voy des esperanses pœu sertaines.

Je trouve le marché de mon boulenger trop hault : car je trouve
a nœuf sous la dou^{ne} de pain pesant de huit a nœuf honses ; et le mien
ne pese que sest a huit, et en a dis sous. Je suis d'avis qu'envoyés
cri Ragot, et luy montriés conbien il guengne ecsesivement ; si vous
pouviés le faire venir a seste raison, vous epargneriés beaucoup. De
le caser je ne puis, car j'antant qui vouderoist estre paié du vieux.
Il me dist, lorsque je parti que, luy baillent sinc sens escus et luy
contiñuant ses assinasions, il me fourniroit un an ; je desirerois que
luy fisiés toucher les sinc sens escus, affin que son filz ne me de-
mandast point d'argent. Je seray inportuné de mes provoyœurs au
premier jour, car leur promesse est aconplie a la saint Jan.

Je suis resolu d'aller aux eos de Pouques se mois d'oust ; je vous
feray venir a Suelli, pourvœu que trouviés de quoy porter vostre
litiere. Monsieur l'Electeur est allé voir monsieur vostre frere. Je
vous prie, representés vous le deplaisir que j'ay de voir les Espaglos
proposer la ruine de Messieurs les Estas, et le president Richardot
qui avoit instruit se malœurœux qui devoist asasiner monsieur vostre
frere (1). Il a esté tiré a quattre chevos. Vous ne sauriés croire combien sella a irrité le pœuple contre l'Espagnol et fait affectionner
vostre frere. Je vous prie, envoyé moy se que je vous ay mandé
avoir besoin pour mes affaires, affin que je prene avis de se que je
dois faire.

Ne doutés point de mon affection : elle sera tousjours telle que la
pouvés esperer, je vous le jure, et manqueray plus tost a moy
mesme qu'a vous aymer comme je dois. J'espere que, par vos premieres, je soray se c'orés fait avec ma tante. Escrivés a monsieur
Delavo (2), medesin de Poitiers, que je le vœux mener aux bains
avec moy.

Je crains infiniment que l'absence de Madame vostre belle mere

(2) Maurice de Nassau.
(3) François de Saint-Vertunien, sieur de la Vau.

incommode vostre santé. Ne vous attristés point, car sella vous
nuiroit, et pasés vostre temps le mieux que pourés. J'ay un extreme
envie de vous voir; et oultre se que je suis obligé de vous rendre
par le devoir, croyés, ma chere dame, que mon inclinassion est de
vous aymer pasionnement. N'en faittes jamais doute, et croyés que
j'ay de l'amour pour vous autant qu'il s'en pœut avoir : je me re-
presente souvent le contentement que j'ay en vostre presence et en
la jouyssence de vostre jœune beauté. Mon inmaginasion m'enporte
a vous conter ma pasion : je n'ay nul plus grand contentement,
absent de vous, qu'en pensant a vous. Adieu mon cœur, je vous
baise mille et mille fois; je desire plustost la mort que la diminu-
sion de l'amitié que je m'asure que me portés (4).

De Paris, ce 27e jouin.

J'avois coumandé a la Garane de m'envoyer l'estat des garnisons
de Touars, Taillebourc et Tallemont. Il ne l'a pas faist, je le trouve
fort estrange; ayés soin que sella se fase. Je me recoumande a madamoiselle Daverli ; assurés la de mon amitié, et qu'elle n'en doute.
Adieu mon cœur.

6. — LA DUCHESSE DE BOUILLON; 19 *juillet* 1598.
(Voir p. XII, 2, 4 et 5.)

A Madame ma seur Madame de la Tremoille, duchesse de Thouars.

Je vous assure, chere seur, d'avoir receu vostre lettre du 14 de
juin, et un extreme contantement m'estant donné en toute fason
pour y aprendre le vostre, ayant jouy la presence de Madame ma
belle mere et de mon frere. J'ay bien seu qu'il sont a Paris et qu'il
ce porte bien, mais non pas d'eux meime; ce cher mary me l'a
mandé, quy est a Saint Germain près du Roy, et fort bien a ce que
je puis juger. Dieu l'y maintiene. La peur que j'ay de ne le voir de
lontemps m'aflige fort; toutefois l'on parle d'un voiage que le Roy
fera a Blois, au comensement de septembre ; sela me fait reprendre
de nouvelles esperance ou que luy viendera ycy ou bien que j'yray
en quelque lieu où je le pouray voir. Jugés sy sela ce fera sans vous
voir; mais sans que ceste occasion arive, croiés, chere seur, que
toute chose s'y oposeront bien ou je seré près de vous au temps que
vous le desirés et que je vous pouré servir. Mon Dieu, quant je

---

(4) Pour signature, les lettres du duc et de la duchesse de la Trémoille portent
deux C engagés par le dos.

pense a ma bonne grose seur , et qu'elle aura bien tost le passe-
tempts que je prens a Lolo (1), je suis arivée au plus solennel vœu
que je pouvois faire a Dieu et au plus violent desir que je pouvois
avoir, proporsion a l'amour que je te porte, quy certe ne peut estre
conparée a nul autre. Mais quy vous aura bien fait la guerre, je
m'imagine que c'est Madame ma belle mere. Elle me mande plus
particulierement que vous la vie que vous meniés et les bons petits
festins que vous fesiés ensemble, et comme il ne ce parlait plus de
busc. Je crois que vous trouvés ce changement bien estrange ; aussy
faisoi je bien moy.

Je vous ay mandé, par ma lettre du 19 du mois passé, que je vous
conseillois d'user de quelque remedes que j'avois fait en ma grossesse, quy m'avoit fait beaucoup de bien. Je crois que vous l'aurés
receue, comme aussy de mechans gans que je vous avois envoyé.
C'est un grand plaisir que nos lettres viennent a bon port, mais j'y
trouve de la longuer plus que ne le merite le chemin. J'ai receu
quelques brouleries de Paris, que mon cher monsieur m'a envoyé,
entr'autres un cotilion d'une estofe nouvelles. L'on m'a mandé que
le vostre vous en a aussy acheté un. J'ay aussi eu un service de ve-
celle de terre, qui est bien belle. J'ay force afaire quy me font emploier le temps. Les heures qui n'y sont point emploiés le sont a
des ouvrages ; madame de Boursolles a esté icy quy m'en a co-
mensé ; et puis a faire faire des confitures : j'en fais en bon nombre.
La petite est toujours aussy friande qu'a l'ordinaire. Pour dire vray
elle est bien plus jolye que vous ne l'avés veue. C'est un vray petit
sienge : contrefait tout ce qu'elle voit, congnoist ses lettres, au
moins la plus part. Mais je suis bien folle mere de vous conter tout
cecy ; non je ne vous ennuie point, je m'assure.

J'ecris a ma Daverly un facheuse nouvelles de la mort de sa fille ;
j'apreande qu'elle lise ma lettre. Je vous jure que je l'ay tout plain
regretté, car elle estoit bonne fille, et qui me servoit bien. L'on ne
luy a epargné nul remeide, mais le soing et la diligence n'y a servy
qu'a l'entretenir quelque jours. Elle avoit toute les parties nobles
ofensé ; je m'en estonne bien, veu son jeune age. Vous regarderés
comme il sera plus a propos d'en avertir madamoyselle Davelly, desirant bien que mes lettres ne soient les premieres a ly anonser ce
triste accidant. Madame ma belle mere m'a mandé comme vous ce
qu'elle avoit decouvert des amours de ceste fille que vous savés, et
le desir de trouver quelle lettre pour ce servir de ce qu'il luy est

(1) Louise, premier enfant de Mme de Bouillon.

tombé entre les mains. Je n'en suis pas marye, mais bien de quoy
elle sait ce que je say par celuy quy luy dit (2). Vramtent je ne pensois pas que personne le seut jamais de luy.

Je te prye, mande moy ce que ton cher mary t'a aporté quant il
te vit, et si vous euste une coifure; je n'ay pas encore eu la meine.
Jusque aus plus petite chose mandés le moy, et sy mon grant monsieur ne vous mande point de ses nouvelles. La Fons, qui est a luy,
a veu de vos gens a Limoge, quy le l'ont assuré que vous portiés
bien. Je te prye de me faire tenir la lettre que j'ecris a madame de
Laval par la premiere comodité que vous luy ecrirés. J'ai receu de
ses lettres fort honnestes, et quy me dit quelque petite chose de ma
fille, mais n'en dite mot, je vous suplie (3). Adieu seur que j'ayme
mieux que moy meime sent mille fois; bonsoir, mon cœur, ma belle
sœur (4).

N'oubliés point de remarquer la date de ma lettre, j'en feray
ainsy des vostres. Le soldat qui vous porte ma lettre c'est ren-
contré d'heureuse fortune, qui s'en va tout droit a Touars.

A Turenne ce 19 jullit.

7. — LA DUCHESSE DE LA TRÉMOILLE; août 1598.
(Voir p. 2, 4 et 5.)

[A Monsieur de la Tremoille, duc de Thouars.]

Monsieur, je vous ay ausy tôt depeschié l'Ile que j'ay esté asurée
de ce que vous desirés. Il y a bien deux ou trois jours que je l'avois
bien un peu senty bougé, mais hier au soir madamoiselle Daverly
le senty bien parfaitement, a ce qu'elle dict. Elle n'a pas voulu, ny
moy aussy, estre plus lontemps sans vous faire participent d'une chose
qui m'a aporté tant de contentement et que je say, Monsieur, qui
ne vous aportera pas moins. Je m'en suis un peu trouvée mal pour
ce changement, mais ce mal m'est bien agréable. J'atenps mon laquais avec bien de l'inpatience pour savoir l'état de vostre santé, ne
vivant pas a mon ayse que je ne chache tousjour qu'elle continue a
estre bonne. Je n'ay pas envoié a Poitiée pour ce medecin, comme

---

(2) Probablement le duc de Bouillon, qui usait de duplicité même envers sa
femme et pour les plus petites choses. Voir la lettre suivante, et la note 3 de la
page 29.

(3) Anne d'Allègre, veuve du comte de Laval, demandait en mariage, pour son
fils unique, toutes les filles de grande maison, quel que fût leur bas âge.

(4) La signature des lettres intimes de Mme de Bouillon est un monogramme,
formé de Lambdas dont les angles se croisent et entouré d'S barrés.

vous me l'aviez comandé, parce que par vos autre lettre vous ne me parliez plus de cette delibération. J'atenderés de vos nouvelles pour excecuter ce comandement là... (1).

8. — LE DUC DE BOUILLON; 3 *juillet* 1599.

(Voir p. 10.)

A Madame de la Tremoille, duchesse de Thouars.

Madame, je vous jure que toutes les persuasions dont je me suis pu aviser n'ont esté espargnées pour convyer votre sœur a vous aller voir; més de se discommoder, point de nouvelles. Je luy ay promis de m'an aller avec elle jusques a ce que vous vous sespareriés; elle a esté de ces fammes quy ne contredisent, més qu'ils font ce qu'elles veullent. Elle se persuade que de Lancays (1) elle vous ira voir, et jouyrés toutes deus plus long temps de vos presences. Je seray privé de ce bonheur de vous revoir, et elle, par despit, de moy dès le jour que nous partirons d'issy, où nous sommes avec fort mauvés temps, n'ayant pas commansé ancores à boyre.

J'escris a monsieur vostre mary, et lui eusse escript d'Orleans sinon que je ne vy rien de pressé, d'autant que le Roy s'an aloyt a Paris; et cuide qu'il ne sera a Bloys guiere plus tost que le vintiesme de ce mois, d'où il vous privera de la presence de ce que vous aymés tant en luy mandant de le venir trouver. Je le satisfis tout ce quy se peut, a mon retour de l'Ille Bouchar, an luy esclersissant infinies impressions qui c'estoyt imaginées. Il desire voir ce cher mary et me promets que l'un et l'autre en aura contantemant. J'é envoyé Wifer (2) a Paris; je crois que Du Maurier ne vous servira, et le petit nepveu, comme je l'usse fet sy je fusse allé a Parys. Vostre belle mere n'est ancores issy : Paris s'abandonne mal vollontiers. Nostre petite se porte bien, et sommes de bons acort, més ce n'a esté sans peine. Vostre seur a eu querelle avec Petit Jehan de ce qu'il nous avoyt logés an deus logis sesparés. Pour le payement des arrerages dont monsʳ Constant vous a parlés, disposés de moy comme de ce quy est plus a vous qu'a soy, et quy vous rendra a toutes ocasions tous les services que vous a promis vostre humble frere et serviteur

HENRY DE LA TOUR.

A Pougues, ce 3ᵉ juillet.

(1) Cette lettre étant incomplète, je n'en reproduis que le premier paragraphe.
(1) En Limousin, près de Turenne.
(2) Nom douteux.

9. — Sœur Flandrine de Nassau, religieuse; *fin de* 1602.
(Voir p. xi, 22 et 40.)

A Madame ma seur Madame de la Trimouille, duchesse de Touars.

Chere seur, vous m'obligés trop de desirer ma demeure en ce lieu (1). C'est la verité que je le souhette bien aussy; més c'est principalement pour l'amour de toy, car ce m'est un plaisir extreme d'estre si près de vous et de savoir souvent de tes nouvelles. J'ay opinion que ce que vous en escriprés a monsieur vostre mary y servira beaucoup, d'autant que sela depent de Mr de Montpensier. Mendés moy sy vous avez trouvé bien belle ceste dame que vous avés veue ; je m'assure qu'elle vous ora parlé de moy. Je vous advertis que vous verrés bientot Mr de Poitiers (2), qui m'a prié qu'il vous portat de mes lettres. Je croy que sa beauté ne vous fera point avoir peur que soye amoureuse de lui, et encore moing de sa bonne grace. Je voudrois que vous vissiés vos cinq bonnes ouvriere, qui travaille bien a l'envie qui ora plus tot faict; et croyés qu'il vous rende se service de bon cœur. Et moy, belle dame, je suis entierement ta servante CFN (3).

Chere seur, anvoye moy des lettres pour madame de Buillon par le premier messager, car je l'envoiré voir.

10. — Le prince Maurice de Nassau; 10 *octobre* 1606.
(Voir p. 37.)

A Madame de la Trimoulle.

Ma sœur, je sçay que vous trouvés estrange que je tarde tant de vous escrire. Si vous l'imputés que je vous ay oubliée, vous me faites très grant tort. Vous sçavés ce que l'on honore et estime ne sort point de la memoire, et principalement a un frere qui vous aime comme je fais. Les empechemens que j'ay eux cest esté m'ont faict estre plus paresseux que je ne dois; il n'y a cependant nul changement en l'affection que je vous porte. Si le chemin eut esté si libre que vous et ma sœur madame de Boullon avés esté près de

---

(1) Au monastère de Sainte-Croix de Poitiers dont elle devint peu de temps après abbesse, par la résignation de sa tante Jeanne de Bourbon-Montpensier.

(2) L'évêque Geoffroi de Saint-Belin.

(3) Ces trois lettres sont réunies dans un monogramme.

moy, ceste occasion ne fut pas echappée que je n'eusse eu se bien
de vous voir et vous dire que je suis, votre bien humble frere à vous
faire service

MAURICE DE NASSAU

Au camp devant Wesel, ce 10 d'octobre 1606.

11. — LE PRINCE D'ORANGE (1); 13 *juin* 1610.
(Voir p. VI, 66-69.)

A Madame ma sœur Madame la douagiere de la Trimouille,
duchesse de Thouars.

Madame ma sœur (2), j'ay veu, par celle qu'avez escrite a ma
fesme, l'incomodité que vostre peu de santé vous porte; je prie
Dieu de vous la donner autant accomplie comme je la vous desire.
Je n'ay pas volu laisser ceste comodité du partement du sr de Ma-
nieres sans vous faire savoir de la nostre, qui, graces a Dieu, est
fort bonne. Nous ne pouvons asser regretter ceste grande perte que
la France et tout le monde a fait, par le trepas desastreux du fu Roy
de glorieuse memoire. J'espere que Dieu donnera la grace au Roy
present, desous la regence de la Royne asistée des princes et con-
seills qui luy sont demeurez, de si bien administrer lé necessitez
que ceste perte pouroit apporter que le tout demeurera en un tran-
quille estat. Nous attendons a tout heure nouvelles de la venue de
Monsieur le Prince en ces cartiers, pour tant plus tost s'en retourner
en France et recevoir le lieu qui luy appartient pour pouvoir rendre
le service a ces M^{tés} et au royaume. Et où il s'offrira du vostre, vous
me trouverés toujours, Madame ma sœur, vostre bien humble frere
a vous faire service

LE PRINCE D'ORANGE.

De Breda, ce 13 de juin 1610.

12. — LE PRINCE DE CONDÉ; 4 *juin* 1610.
(Voir p. 67-69.)

A Madame la duchesse de la Tremoille.

Madame ma tante, je vous suplie de ne point imputer a manque-
ment de debvoir si jusques icy je ne vous ay point donné de mes

---

(1) Philippe-Guillaume de Nassau.

(2) Dans son recueil des *Archives et Correspondance de la maison d'Orange-
Nassau*, M. Groën Van Prinsterer, dit (2ᵉ série, vol. 2, p. XXIII) : « Il n'y a qu'une
seule lettre du fils aîné de Guillaume [le Taciturne]... Il n'y en a point du comte

nouvelles, ny a monsieur mon cousin, mais a d'autres respects pour raison des quels j'ay mieux aymé que mes parens et le monde ait recongneu le tort qu'on m'a fait par les violences manifestes que par mes plaintes. Or voyant les choses en tel estat que ma qualité me pousse a retourner au reaume, j'ay bien voulu faire entendre a un chacun que je desire y estre receu et recogneu aux charges que mon rang de premier prince m'y attribue. Je veux croire que le Roy et la Reine ne me refuseront cest honneur, a quoy je prie tous mes amis de m'assister, ne demandant que ce qui est raisonnable. Je me promets, Madame, tant de vostre bon naturel que n'empescherez monsieur mon cousin a me rendre le tesmoignage que j'attens du sien, comme je vous suplie de croire que je ne manqueray jamais de luy rendre toutes les bonnes preuves qu'il peut desirer du mien. Et en ceste verité je demeureray a jamais, Madame ma tante, vostre bien humble neveu et serviteur

HENRY DE BOURBON.

De Milan, ce 4e juin 1610.

13. — LA PRINCESSE DE CONDÉ LA JEUNE; *fin de septembre* 1615.
(Voir p. 63 et 68.)

A Monsieur le duc de la Trimoulle.

Monsieur mon cousin, je crois que vous orés seu le combat que mons^r mon mari a fait, et coume les plus remarcables de ses anemis sont mors, blesés ou prisonniers (1). Se gantilhonme vous dira plus particulieremant se que j'an ay peu aprandre. Je l'anvoie vers vous, suivant la charge que j'ay de mons^r mon mari, pour vous fere antandre se qu'il m'a coumandé de fere un se païs et les forse que j'ay, que je vous ofre; vous supliant m'avertir, par le retour du s^r de Noyan, se que vous fetes et si, entreprenant cauelcue chose an se peïs isi pour le servise de monsieur mon mari, je ne puis pas esperer cuelcue chose de vos forses. J'atandré don de vos nouvelles et vous supliré de me fere la faveur de crere que je desireré tousjours avec pasion de vous fere servise et de vous fere counetre que je suis, Monsieur, vostre bien humble cousine et servante

C. DE MONTMORANCY.

Henri, frère cadet de Maurice, avant la mort de celui-ci. » M. le duc de la Trémoille possède plus de 20 lettres de ces deux princes.

(1) Cette grande victoire du prince de Condé sur les troupes royales n'avait été que la mise en déroute de 400 soldats de nouvelle recrue. V. Bazin, *Histoire de Louis XIII*, 2e édit., p. 218.

14. — LA PRINCESSE D'ORANGE LA JEUNE; *mars* 1618.
(Voir p. 81, 82.)

A Madame la duchesse de la Tremoille.

Madame ma sœur, vous orés veu par la letre que je vous ay ecrite, que je croy que vous avés resue en mesme temps que ce jantelhome que vous m'avés anvoié m'a randu la votre, que je n'ey pas manqué de vous donner advis de mon malheur et estreme perte. Il ne sera donc besoin par selle si de vous en dire otre chose, osi que ma santé et mes grandes aferes ne me le permete pas, sinon vous remersier eun millions de fois du soin qu'il vous a pleu avoir de m'anvoier visiter, et de l'ofre que vous me fetes de la conservation de vos bonnes graces: vous supliant que le changement de ma condision ne me les diminue pas, non plus qu'elle ne fera jamés a moy la vollonté d'etre tant que je vivrey, Madame ma sœur, votre bien humble sœur a vous fere servise

LEONOR DE BOURBON.

15. — LA PRINCESSE DOUAIRIERE DE CONDÉ; *janvier* 1619.
(Voir p. 86-89.)

A madame de la Tremoille, duchesse de Thouars.

Ma seur, je croy qu'estant bonne mere vous savez plaindre celle qui font des pertes si grandes comme est la miene. Il est vray que Dieu veut antierement m'esprouver et toucher de toutes ces doulleurs qui ce peuvent souffrir au monde. Il n'a pas voulu m'an oster, me faisant survivre ces estremes malheurs : il faut depandre de sa vollonté et ne murmurer contre ses ordonnance; je l'ay prié m'an faire la grase, et ne l'offancer an ces mouvements sy violans.

Je ne vous entretiendray pas de mes resantimants cruels. Elle (1) a esté sy mal servie et asistée de ceulx qui estoit près d'elle, et moy sy mal avertie de sa maladie, que j'ay apris an mesme temps la perte, bien que je me fusent mise an chemin pour l'aler voir toute faible que j'estais d'une maladie dont je croiais mourir. A Saint Clou je seu le desastre, qui m'acabla en telle sorte qu'il me fust impo-

---

(1) Cette lettre parait faire justice des bruits qui couraient en Hollande sur la mort de la princesse d'Orange la jeune. J'en avais égaré et même oublié le texte, lorsque j'ai fait les notes 3e de la page 86 et 1re de la page 89.

sible de partir de plus de trois heures d'un chemin, toute evanouie c'on me mist dans une petite maison où je pasé la nuit. J'esperais finir ma vye; le Tout Puisant ne m'a encore jugée digne de me recevoir an son paradis. Il m'avoit donné deux enfans, et prive pour jamais de l'une; de l'autre (2) il y a deux ans et demy que je la suis de sa presance. Mon recours est a celuy qui n'abandonne jamais les siens. Je suis, en quelque miserable estat que je soie, je demeureray tousjours, Madame, vostre bien humble seur a vous faire service

Ch. de la Tremoille.

16. — Le comte Fréderic Henri de Nassau; 18 aout 1619.
(Voir p. 90-91.)

A madame la duchesse de la Trimoelle.

Madame ma seur, je ne say par où commencer a vous remercier de tant d'honeur que j'ai receu de vous depuis mon arrivée en ces quartiers; je m'estimeray le plus heureus du monde quand par mes services je pouray les recognoistre. J'euse esté fort mary sy vous eusiés pris la paine de venir en ceste ville; la chaleur est si grende que cela vous eust fait du mal. Je pars demain au matin pour m'en retourner en Holende. Que si je vous y puis rendre du service, je vous supplie de me vouloir emploier comme un sur qui vous avés toute sorte de commendement, et qui essaiera en toutes ocasions de vous le temoigner par les efects. Je vous diray que j'ay esté ce matin au presche, qui a esté fort bon, fait par le ministre que vous m'avés nomé. Je ne faudray de m'enquester de se que vous m'avés dit, et vous en menderay se que j'en auray apris. Aimés moy tousjours bien, je vous supplie, et assurés vous que vous ne sauriés havoir de frere qui vous honore plus que moy, qui suis, Madame ma seur, vostre bien humble frere et serviteur

F. Henry de Nassau.

De Paris, ce 18 d'aoust.

(2) Voir page 90, note 1.

ERRATA.

Page xi, lig. 14, au lieu de : *le grand-père,* lisez : *l'oncle.*
Même page, note 4, lisez : Madeleine de Longwy, tante de Charlotte de Bourbon-Montpensier, abbesse du Paraclet d'Amiens.

www.ingramcontent.com/pod-product-compliance
Lightning Source LLC
Chambersburg PA
CBHW051729090426
42738CB00010B/2174